Principios de
Economía Política

PRINCIPIOS DE ECONOMÍA POLÍTICA

Carlos Encinas Ferrer

Número de Control de la Biblioteca del Congreso de EE. UU.:		2013918140
ISBN:	Tapa Dura	978-1-4633-6776-3
	Tapa Blanda	978-1-4633-6775-6
	Libro Electrónico	978-1-4633-6777-0

Para realizar pedidos de este libro, contacte con:
Palibrio LLC
1663 Liberty Drive
Suite 200
Bloomington, IN 47403
Gratis desde EE. UU. al 877.407.5847
Gratis desde México al 01.800.288.2243
Gratis desde España al 900.866.949
Desde otro país al +1.812.671.9757
Fax: 01.812.355.1576
ventas@palibrio.com
495729

ÍNDICE

PRIMERA PARTE
Economía y Sociedad

SEGUNDA PARTE
Pensamiento Económico

A Yolanda y Adení

SOBRE EL AUTOR

Carlos Encinas Ferrer nació en la Ciudad de México en el seno de una familia de republicanos españoles exiliados.

Estudió la Licenciatura en Economía en la Escuela Nacional de Economía de la Universidad Nacional Autónoma de México (UNAM) y la Maestría en Educación en la Universidad Iberoamericana León. Obtuvo el Diploma en Estudios Avanzados (DEA) y Suficiencia Investigadora en Economía por la Universidad de Barcelona así como el Doctorado en Economía con calificación Sobresaliente *"Cum Laude"* por aquella Universidad.

Académico de Tiempo adscrito al Centro de Economía Aplicada de la Escuela Nacional de Economía de la UNAM de 1968 a1969. Profesor Titular de la Facultad de Economía de la UNAM de 1966 a 1982. A partir de 2011 es profesor en la Escuela Nacional de Estudios Superiores de la UNAM en la ciudad de León, en el estado de Guanajuato.

Se ha desempeñado también como profesor de la asignatura de Historia del Arte en el Instituto Tecnológico de Estudios Superiores de Monterrey, Campus León, y en el Conjunto Educativo Universitario, hoy Universidad de León.

Fundó y dirigió las licenciaturas en Comercio Internacional y Economía en la hoy Universidad de León de 1992 a 1996.

En la Universidad Iberoamericana León fue profesor de asignatura de 1995 a 1997, Académico de Tiempo en Licenciatura y Posgrado, así como Coordinador de la Licenciatura en Comercio Exterior y Aduanas de 1998 a 2001 y de 2003 a 2006. Bajo su dirección aquella licenciatura obtuvo el Premio al Mérito Exportador *"Quanaxhuato 2000"*. Fue así mismo Investigador en el Departamento de Ciencias Económico Administrativas de aquella Universidad.

Director del Staff de Planeación y Evaluación de la Universidad Iberoamericana Puebla de enero de 2007 a diciembre de 2008 y de enero a julio de 2009 Profesor e Investigador de Tiempo en el Departamento de Economía y Negocios de aquella universidad. Fue director del Máster en Economía Social de la Universidad Mondragón del país Vasco, en la Ibero Puebla.

En agosto de 2009 fue nombrado Coordinador de la Maestría en Gestión Estratégica de Negocios Internacionales en la Universidad De La Salle Bajío, puesto que desempeña hasta la actualidad.

De enero de 2010 a febrero de 2011 se desempeñó como Profesor e Investigador de Tiempo Completo en el Departamento de Estudios Sociales de la División de Ciencias Sociales y Humanidades de la Universidad de Guanajuato Campus León.

A partir de marzo de 2011 se integró como académico e investigador en la Universidad De La Salle Bajío y como profesor de asignatura en el Instituto Tecnológico de Estudios Superiores de Monterrey Campus León donde ha dado clases desde el año 1992.

En los años 2000 y 2001 fue Profesor Instructor, coautor del Libro Guía de los Cursos de Actualización en Historia del Arte y Apreciación Artística y autor del Libro Guía de Economía para Profesores de Enseñanza Media Superior de las Preparatorias de la Universidad Autónoma de Guerrero. Escribió, así mismo, *"Introducción a la Economía"* y *"Teoría Económica"*, libros de texto del Sistema Avanzado de Bachillerato y Educación Superior (SABES) del Estado de Guanajuato. Coautor, junto con el Dr. Harry Lane David, de la edición bilingüe del libro: *"¿Debería México Indexar Salarios y Precios al Dólar?"*, editado por la Universidad Iberoamericana Golfo Centro y la Universidad Iberoamericana León. En el año 2010 la Editorial española *"Los libros de la Catarata"* en Madrid, España, publicó el libro *"Opacidad y hegemonía en la Crisis Global"*, del que es coautor. Recientemente la Editorial Libros en Red, de Buenos Aires, Argentina, publicó su obra *"Escritos Económicos varios"* y *"Dinámica local – global. Dilemas socio territoriales en el centro de México"* de la que es coeditor y coautor.

Ha impartido conferencias a nivel Sistema UIA-ITESO, así como en el Sistema de Enseñanza Media en Comercio Internacional en el Instituto *Joaquim Mir* de Barcelona, España.

Profesor e investigador invitado en el posgrado de la Facultad de Economía y Empresa de la Universidad de Barcelona en 2013.

En el año 2011 fue reconocido como miembro del Sistema Nacional de Investigadores (SNI) con nivel 1.

PRÓLOGO

Esta obra es el resultado de varias décadas de impartir clases, de elaborar y revisar apuntes de las mismas y de incorporar en forma constante las opiniones de alumnos y profesores, así como del público lector en general. Durante más de 45 años he impartido cursos de Introducción a la Economía en la Universidad Nacional Autónoma de México (UNAM), en la Universidad de León (UDL), en las Universidades Iberoamericana de León y de Puebla, en el Instituto Tecnológico de Estudios Superiores de Monterrey Campus León, en la Universidad De La Salle Bajío, en la Universidad de Guanajuato Campus León y en la Escuela Nacional de Estudios Superiores de la UNAM en la ciudad de León. Todas estas experiencias fueron poco a poco conformando los materiales que han sido incluidos en ella.

En el año 2002, Fernando Cuevas de la Garza me invitó a plasmar parte de mis trabajos previos en dos guías que escribí para el Sistema Avanzado de Bachillerato y Educación Superior del Estado de Guanajuato (SABES).

En los últimos años he ido revisando todos mis escritos anteriores actualizándolos y ampliándolos con el objeto de conformar un libro que sirviera, además de libro de consulta, como texto a los alumnos de la materias de *Introducción a la Economía* y *Economía I y II,* tanto en los diversos programas de bachillerato como también en las diferentes licenciaturas, no sólo de las áreas económico administrativas, sino también en otras.

Al escribirlo busqué llenar un vacío de contenido social que cada vez más se ha ido acentuando en el mundo universitario de la enseñanza de la economía. Este problema ha llegado a ser de tal magnitud que ha ocasionado un amplio divorcio entre la sociología y la economía.

Indudablemente la Economía es la ciencia social que en mayor medida ha hecho uso de la matemática en su análisis e investigación pero también es cierto que la falta de un enfoque metodológico eminentemente social le ha impedido que ese instrumental matemático sirva plenamente a sus objetivos. Por lo anterior he preferido la denominación "Economía Política" que fue el término utilizado por los economistas de la escuela clásica cuya preocupación fundamental consistía no sólo en conocer las leyes de la economía, principalmente las relacionadas con la distribución del ingreso entre las clases sociales, sino también en su aplicación como herramienta política en el crecimiento económico y el desarrollo de la sociedad.

Formado en la Escuela Nacional de Economía de la UNAM durante la primera mitad de la década de los sesenta, recibí una educación en la que la economía no podía separarse de la enseñanza social por lo que el problema planteado siempre ha resultado para mí sumamente evidente. La economía y la sociología no pueden enseñarse una separada de la otra. La sociología sin economía y esta sin aquella carecen de elementos de gran importancia para poder conformar teorías que expliquen en forma adecuada la actividad humana, eminentemente socioeconómica y política.

Espero haber logrado dar un paso significativo para alentar a otros académicos de ambas ciencias a buscar subsanar este divorcio y lograr, así, formar profesionales integrales de las ciencias sociales.

Amo profundamente a nuestra ciencia, la economía. Su enseñanza ha sido parte importante de mi vida profesional y el contacto continuo con sus alumnos y público interesado me ha permitido un acercamiento permanente a ella, siempre desde la perspectiva del aprendizaje y el descubrimiento constantes. La economía no deja nunca de sorprenderme y asombrarme, de inquietarme, de alentarme al estudio que nunca acaba. Nunca me he considerado un maestro de nuestra ciencia, solamente un estudiante perpetuo, lo que me ha permitido una identificación motivadora con los estudiantes a mi confiados.

Considero a la economía política como la gran herramienta que nos permitirá, en la medida en que los economistas seamos más objetivos y comprometidos con nuestros semejantes, alcanzar un mundo en el que la pobreza sea erradicada con todo lo que ello implica.

INTRODUCCIÓN

El libro que presento busca ser un apoyo que permita a los lectores una mejor comprensión de la vida económica. La actividad laboral y empresarial que los lectores realizan a través de su trabajo y capacidad emprendedora permiten no sólo satisfacer sus necesidades personales, ya sean individuales o familiares, sino influir también en el desarrollo de su comunidad al promover empleos y con ello una mejor vida para todos.

Debemos reflexionar profundamente sobre nuestra función social como agentes del cambio que permita lograr un Mundo en la que la brecha entre los que más y menos tienen se reduzca. Al hacerlo lograremos un mercado interno lo suficientemente poderoso y dinámico que impulse el desarrollo de nuestras naciones -México en primer lugar- por una senda de un crecimiento acelerado, más justo y sostenible.

Reflexionar también sobre nuestra posición como seres que vivimos en sociedad y que mediante la colaboración con los demás podemos obtener mayores beneficios individuales que buscándolos únicamente para lograr nuestra satisfacción personal. Debemos acabar con esta época de individualismo depredador.

Debemos ser conscientes que como individuos aislados jamás habríamos sobrevivido a las amenazas que el clima y animales depredadores más poderosos que nosotros nos presentaban a cada momento. No sólo sobrevivimos sino que también hemos dominado este planeta gracias a nuestro trabajo conjunto, inteligente y ordenado, a veces depredador y contaminante muchas otras.

El que los lectores de este libro, sobre todo los más jóvenes, puedan desarrollar como una competencia fundamental en su vida la disposición al trabajo conjunto les permitirá aprovechar de mejor manera su capacidad transformadora y creativa.

Por otra parte, resulta de suma importancia desarrollar en los estudiantes las competencias básicas en el contexto de la empresa, el trabajo y el consumo. Como señalaba anteriormente, el trabajo, como fenómeno social, rebasa los límites de la producción y se instala en las comunidades, en los hogares, en el recorrido que las personas cumplen durante el día desde el hogar a la escuela, a la empresa; en el consumo, mediante el transporte, durante el esparcimiento y en el descanso de nuevo en el hogar.

La naturaleza del trabajo es la capacidad productiva del ser humano. Debe quedar claro que la remuneración del trabajo, en la forma generalizada que el sistema de producción capitalista ha implantado, es, en la perspectiva de la evolución de la comunidad humana, reciente. Su naturaleza, sin embargo, es mucho más amplia e incluye la enorme cantidad de tareas que diariamente realizamos sin que medie pago monetario alguno, tareas que son imprescindibles para nuestra existencia en comunidad. En la primera parte de esta obra veremos que al trabajo hay que inscribirlo como un producto cultural, social por excelencia.

Al acercarnos a la Economía como la ciencia que estudia las leyes que regulan la organización humana para la producción, la distribución, la circulación y el consumo, observaremos que sus estudiosos han sido capaces de generar un cuerpo teórico en el cual encontramos la explicación de su funcionamiento.

El contenido de este libro está conformado de dos partes, la primera de las cuales trata sobre los elementos fundamentales de la economía, en primer término se analiza la vida económica y su evolución, la naturaleza del fenómeno económico y la importancia que tiene la elección de lo que debemos producir, de cómo debemos producirlo y para quién. Analizamos el origen de la palabra economía y su significado actual en un mundo abierto al intercambio mercantil y financiero.

En el segundo capítulo explico la naturaleza de nuestras necesidades y la importancia de su clasificación. Analizo los bienes y servicios que satisfacen dichas necesidades partiendo de los términos utilidad y valor. Concluyo esta unidad desarrollando el concepto económico de riqueza y su importancia en la vida económica de las naciones.

El tercer capítulo está dedicado al funcionamiento de la economía y se plantea la diferencia entre acto económico y actividad económica. El concebir la actividad económica como un flujo y conocer los elementos que le dan movimiento y que la explican resulta una de las competencias más importantes por adquirir, competencia que nos permitirá conocer con gran precisión el rumbo que seguirá la economía y tomar decisiones de acuerdo a ello.

El cuarto capítulo profundiza en la naturaleza económica de la producción, los factores que la hacen posible, la distribución del ingreso entre ellos, la división del proceso productivo en sectores y las actividades productivas que en ellos se desarrollan.

En el capítulo 5 estudiamos la categoría histórica del mercado, entendido como el espacio y el tiempo en que los compradores (*la demanda*) y los productores (*la oferta*) interactúan para ponerse de acuerdo en un precio que sea aceptable a ambos y que haga posible que el mercado se *"vacíe"*[1].

El contenido de la segunda parte, en la que tendremos contacto con los principios del pensamiento económico, está dividido en cuatro capítulos. En el primero, analizo las diversas escuelas del pensamiento que a lo largo de los últimos siglos han buscado explicar cómo funciona la economía y en ese proceso de creación social han descubierto las leyes bajo las cuales funciona nuestra ciencia. Les mostraré que por tratarse la economía de una de las ciencias sociales, el pensamiento político se encuentra en ella presente y de esa manera la teoría económica aún no ha logrado, y probablemente nunca lo haga, la objetividad que le debería corresponder. En este sentido y con mucha más razón, tampoco la ciencia política lo ha logrado.

Los pensadores de la economía han descubierto una gran cantidad de leyes, sin embargo, han sido hasta el momento incapaces de dejar de lado su ideología política y de clase social para aplicar objetivamente sus conocimientos, recurriendo en todo momento a racionalizaciones en el más puro sentido de este concepto en la psicología.

En el segundo apartado observamos el funcionamiento del mercado, esa categoría histórica que estudiamos en la primera parte introductoria. Encontraremos que la teoría económica claramente distingue entre dos formas de mercado, una ideal que conocemos con el nombre de competencia perfecta o libre mercado y que nos sirve para estudiar los mecanismos de la distribución y el consumo, haciendo abstracción de gran cantidad de variables que se presentan en la realidad; es, hagámonos

---

[1]   El que el mercado se vacíe es de suma importancia en el análisis teórico ya que implica que se produjo exactamente lo que se consumió, no hubo ni excedentes ni faltantes que pudieran afectar el precio tanto para arriba como para abajo.

a la idea, como un experimento en un laboratorio en el cual estamos
trabajando en un ambiente sin contaminación de ningún tipo y con
baja atmósfera. ¿Qué logramos? Entender cómo funcionan las cosas en
solitario. Después pasamos a introducir variables reales que hacen que el
mercado no actúe en forma libre, sino que esté dominado por elementos
que distorsionan los resultados que habíamos observado en el laboratorio.
Nos sorprenderemos al encontrar que diversas corrientes teóricas
proponen políticas económicas que funcionan en la llamada competencia
perfecta pero no en el mercado real dominado por estructuras
monopólicas y monopsónicas que conforman la llamada competencia
imperfecta.

En la tercera unidad presento la forma en que tiene lugar la
circulación de mercancías. Comienzo por analizar cómo se lleva dicha
circulación a cabo, primero a través de truque y posteriormente con la
intermediación del dinero. Presento posteriormente la evolución que
la moneda ha tenido hasta nuestros días y el papel de los bancos en la
expansión monetaria. A continuación muestro el papel que el llamado
sector terciario -el de los servicios- juega en la circulación de mercancías.
Por último, utilizando lo visto hasta el momento, observamos la forma
en que tiene lugar en nuestra comunidad el intercambio y el consumo,
identificando el papel que juegan en la circulación los sectores
productivos y de servicios.

La cuarta y última unidad tiene por objeto mostrarnos en forma breve
y esquemática los principios del comercio internacional. Observaremos
la razón teórica por la que se considera que a través del intercambio
mundial de mercancías podemos incrementar el nivel de vida de todos
los países, pero analizaremos también los obstáculos que impiden que
esto sea así. Nos introduciremos en los elementos de la balanza de pagos
y comprenderemos de qué manera este instrumento de la contabilidad
nacional nos sirve para analizar las repercusiones que un saldo negativo
o positivo de la balanza comercial tiene al impactar nuestra vida
diaria. Situaremos a nuestra comunidad en el marco global mundial y
deduciremos sus posibilidades de inserción en él.

Las actividades en aula y en campo deben buscar que los alumnos
conozcan los elementos de la teoría económica, desarrollen sus propios
conceptos a partir de ese conocimiento y sean capaces de lograr su
aplicación en el entendimiento de su propia realidad cercana, así como en
el impacto que en su comunidad tienen decisiones de política económica
tomadas desde el centro del país o, incluso, en otras naciones. En tal

sentido, el contenido será entonces verdaderamente significativo y podrán disponer de él en el actuar en su vida así como en el de su comunidad. Entender el mundo es indispensable para poder transformar la vida de nuestra sociedad y, por lo tanto, el de nuestra existencia.

En cuanto a la línea de formación para el trabajo, nuestra obra pretende inducir en los conceptos y la práctica laboral desde una perspectiva crítica, de análisis y acción. El objetivo último es ofrecer el desarrollo de las competencias que permitan la inserción o reinserción al ámbito laboral en forma ordenada, esto es, con un plan de acción personal que permita, en términos realistas, desarrollarse y procurar el bienestar para nuestra comunidad, bienestar que es el nuestro propio.

PRIMERA PARTE

Economía y Sociedad

Diagrama 1. Economía y Sociedad.
Mapa Conceptual

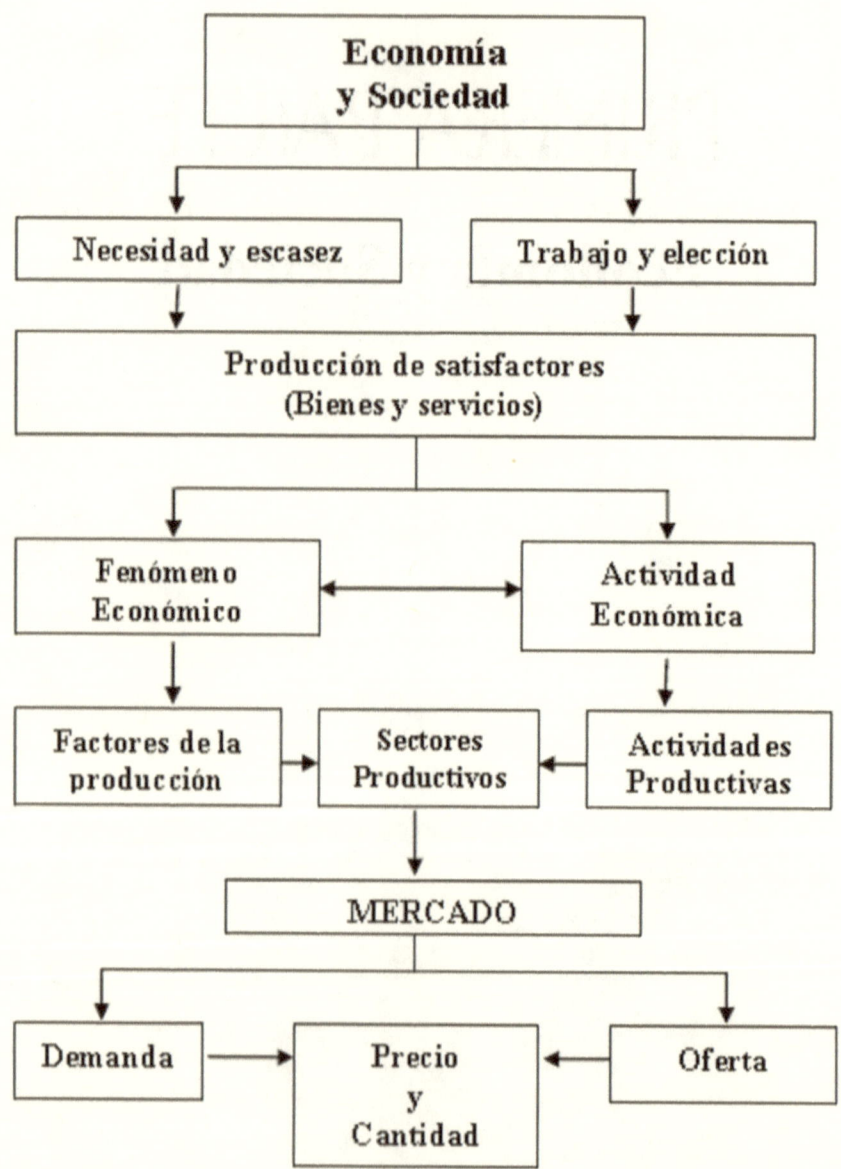

CAPÍTULO 1

La Vida Económica

"Así como por sí mismo es valioso estudiar la historia de la economía, una razón más positiva para hacerlo, conforme los problemas del siglo XXI surgen, es con toda seguridad entender cuáles son las preguntas que los economistas debían hacerse y por qué métodos deberían ellos procurar contestarlas".

Ingrid Hahne Rima
El Desarrollo del Análisis Económico

Preámbulo

Los humanos, como cualquier otro ser vivo, requerimos interactuar con la naturaleza que nos rodea para obtener de ella aquellos bienes que nos permitan subsistir. Alimento y abrigo son esenciales para mantenernos con vida y preservar nuestra integridad física. Sin embargo, la escasez de esos recursos y la dificultad para conseguirlos y transformarlos nos obliga a realizar grandes esfuerzos y a buscar, mediante la colaboración con los demás miembros de nuestra comunidad, incrementar nuestra productividad. Al hacerlo, seguimos un principio que se volverá fundamental: obtener el mayor provecho posible de los recursos escasos de que disponemos, la capacidad de trabajo entre ellos.

Aquella interacción y transformación de la naturaleza no la llevamos a cabo en forma aislada sino en sociedad con otros individuos como nosotros, lo cual nos permite unir esfuerzos y obtener mejores resultados que los que lograríamos en forma aislada.

Al igual que otras especies gregarias -como los castores, que también viven en comunidades y transforman su hábitat- somos capaces de interactuar con el medio ambiente transformándolo. Pero vamos más allá que todos ellos, pues como ningún otro multiplicamos nuestras fuerzas construyendo instrumentos y herramientas sofisticadas, erigiendo viviendas y domesticando especies animales y vegetales.

Como seres eminentemente sociales, investigamos, aprendemos, descubrimos, inventamos y somos capaces de preservar toda esa información y transmitirla a los más jóvenes y a aquellos adultos que no saben pero quieren aprender. De esta manera, continuarán ellos esa labor conjunta de acumulación y transmisión de conocimientos, tarea específicamente social, únicamente humana.

Ese enorme poder de transformación nos obliga, sin embargo, a cuidar el medio ambiente y a conservarlo, no sólo por generosidad, sino por la propia conveniencia y preservación de nuestra especie.

En este texto veremos cómo a lo largo de la historia hemos sido incapaces en muchas ocasiones de armonizar lo individual con lo social y continuamente competimos con nuestros semejantes buscando el éxito individual lo que nos lleva indefectiblemente a desperdiciar esfuerzos.

1.1 Evolución de la vida económica

La búsqueda y obtención de recursos escasos y la eficiencia en nuestra capacidad de trabajar en forma social para obtenerlos y transformarlos, marcan el desarrollo de nuestra vida económica.

El abastecimiento de alimentos para el grupo social, al que conocemos como clan, fue en el comienzo nuestra principal actividad económica. En la caza y recolección trabajábamos todos, sin importar edades ni sexo, y sólo incapacidades físicas debidas a la edad, accidentes o a estados avanzados de embarazo en las mujeres, generaban los primeros indicios del futuro sedentarismo.

El carácter nómada inicial del grupo humano tuvo su razón de ser en nuestra condición cazadora, la que nos obligaba a seguir en pos de las grandes migraciones de los animales salvajes que eran nuestra principal fuente de sustento alimenticio.

Al concluirse el proyecto conocido como *Genoma Humano* y poder decodificarse los genes que lo conforman, hemos logrado desentrañar parte de nuestro pasado como especie humana y saber que nuestro grupo original apareció en África hace aproximadamente 80,000 años.

Todo parece indicar que 70 000 o 65 000 años antes de nuestra era, una gran sequía que acabó conformando lo que hoy conocemos como Desierto del Sahara, expulsó poco a poco de ese continente a enormes manadas de animales y siguiéndolas, nuestros antepasados, un pequeño grupo que representaba una población no mayor a 100 o 150 miembros, cruzaron a la Península Arábiga y de allí se extendieron por todo el planeta, siempre siguiendo las migraciones de los animales, nuestro alimento fundamental en aquel comienzo.

No fue este la única emigración desde África, hoy en día sabemos que las hubo también hacia el sur de Europa, a través del estrecho de Gibraltar, y al cercano oriente vía la península del Sinaí. La que mencionamos parece haber sido la más numerosa y decisiva para nuestra dispersión por todo el Mundo.

Una de nuestras características fisiológicas es la de ser omnívoros – condición que compartimos con otros animales, como los osos-, esto es, somos capaces de alimentarnos tanto de carne –ya sea de mamíferos, aves, reptiles o peces- como de vegetales. Por esta razón, fuimos también, desde el comienzo, recolectores de aquellos vegetales que nuestra experiencia acumulada nos enseñaba que eran comestibles.

Al cazar y recolectar llevábamos a nuestro asentamiento temporal crías de los animales adultos que cazábamos, así como semillas de los vegetales que recolectábamos. Esta actividad constante de acopio y suministro de alimentos y la necesidad de cocinarlos para su ingestión tuvo una especial importancia en el descubrimiento de la forma de producir y conservar el fuego.

Nuestra inmensa capacidad de observar, razonar, sacar conclusiones y contrastarlas para comprobar su validez, nos llevó a descubrir los procesos biológicos de la reproducción y al hacerlo, supimos más de nuestro propio organismo. Domesticamos a los animales y a las plantas. Nacieron así la agricultura y la ganadería y fuimos convirtiéndonos poco a poco en sedentarios y con ello desarrollamos nuestra capacidad de construir viviendas y poblados, almacenes para nuestros alimentos, establos para nuestros animales, fortificaciones... en fin, fue naciendo el urbanismo.

Nuestras manos, ese maravilloso don con el que nos dotó la naturaleza, fueron fundamentales para nuestro desarrollo psicomotriz y para transformar nuestro medio circundante. El dedo pulgar, opuesto a los demás, no sólo nos dio capacidad prensil -otros animales pueden también agarrar objetos-, nos permitió tomar, manipular y transformar lo que nos rodeaba. Construimos armas para defendernos, atacar y cazar. Comenzamos a construir utensilios que facilitaron la conservación y el procesamiento de nuestros alimentos. Pulimos piedras, tallamos madera y hueso, descubrimos el arte de la cerámica. Pero fuimos más allá en nuestra labor creativa: conforme ganábamos destreza en el uso de nuestras manos y en la fabricación de utensilios, comenzamos a satisfacer necesidades creativas y nació el arte, nuestra interpretación estética de la naturaleza. Comenzamos a pintar y a labrar materiales por el simple gusto de hacerlo, no con el fin de satisfacer nuestras necesidades de sustento fisiológico.

Conforme diversificábamos nuestras actividades y ampliábamos nuestras competencias nos dábamos cuenta de que éramos más productivos especializándonos en algunas de ellas en lugar de pretender realizar todas. Nació así la división del trabajo y con ella nuestra capacidad productiva creció enormemente y dio lugar a nuevas formas de organización social.

La división del trabajo y la especialización nos permitió generar excedentes de los bienes que producíamos más allá de nuestras necesidades de consumo personal, por lo que buscamos intercambiarlos por excedentes de otros bienes y otros productores surgiendo así el comercio -basado en su inicio en el trueque- y con él, la habilidad de valorar nuestros excedentes con el objeto de no salir perdiendo en el intercambio. De esta manera, el comercio nos permitió ampliar la variedad y riqueza del consumo al mismo tiempo que la división del trabajo nos permitió elevar nuestra producción.

Miles de años nos llevaron descubrir los minerales y transformarlos. En un comienzo el más abundante de ellos, el cobre. Nuestra inquietud nos condujo a experimentar su aleación con otros minerales y gracias al estaño logramos elevar su dureza iniciando con ello la llamada Edad del Bronce. Es este, sin duda, un momento fundamental en nuestra historia. Nació la metalurgia y ello fue origen y causa, a su vez, de nuevos descubrimientos y del desarrollo de la ciencia. Conforme lográbamos elevar nuestra capacidad de generar altas temperaturas, avanzamos en este campo fundiendo y utilizando otros minerales como el hierro.

El desarrollo de la propiedad privada y la necesidad de armonizarla con nuestra naturaleza social dio lugar a la aparición de la jurisprudencia. Propició la aparición de nuevas clases sociales y de diferencias en la distribución y apropiación de los bienes y de los factores productivos. Resultó desde el comienzo en fuente de incentivos personales pero también motivo de fricciones sociales, tanto dentro de la propia comunidad como con vecinos cercanos o distantes. Se extendió el despojo mediante la guerra así como la propiedad privada sobre otros seres humanos –la esclavitud. Posteriormente, con la caída del Imperio Romano, tuvo lugar el advenimiento de otro sistema socio económico, el feudalismo, y con él la esclavitud dejó de ser la forma de producción dominante para ser substituida por la servidumbre: el productor agrícola sometido mediante las contribuciones y el diezmo al sostenimiento del poder político y religioso..

Con el Renacimiento, en el siglo XV, llegó también un nuevo sistema económico, el Capitalismo, y la servidumbre feudal fue sustituida poco a poco por el trabajo humano convertido en una mercancía, con un precio –el salario- determinado en un mercado laboral sumamente desigual en el que la mayoría de la humanidad se convertía en oferta de trabajo y una minoría, los dueños del capital, demandaban mano de obra.

1.2 El fenómeno económico y el principio de elección

Los fenómenos económicos, mal llamados hechos económicos pues se trata de fenómenos sociales, son sucesos observables relacionados con la actividad económica de nuestra sociedad que se presentan en forma repetida.

Los mismos tienen en general cuatro características que los distinguen:

- son actividades sociales;
- se llevan a cabo con el objeto de obtener los medios necesarios para satisfacer nuestras necesidades, tanto individuales como de la sociedad;
- son cuantificables y, por lo tanto, medibles; y
- tienen lugar en los procesos de producción, distribución, circulación y consumo de bienes y servicios.

En algunos libros de economía se pretende explicar el fenómeno económico a partir de un imaginario Robinsón Crusoe que sólo existe en las novelas. La realidad económica es muy diferente pues corresponde a nuestro carácter de miembros de una sociedad en la que todos colaboramos y conjuntamos esfuerzos para producir. Sólo desde esa perspectiva social puede ser entendido el fenómeno económico.

En otras palabras, el fenómeno económico para que se dé implica la interacción en los procesos productivos de seres humanos conjuntando esfuerzo e inteligencia.

Su característica como actividad social, su aparición reiterativa y cuantificable, fueron conformando a la economía como una ciencia social. Ciencia capaz de construir teorías explicativas de dichos fenómenos económicos y por lo tanto de entenderlos y predecirlos.

Diagrama 2. Fenómeno Económico y Principio de Elección. Mapa Conceptual

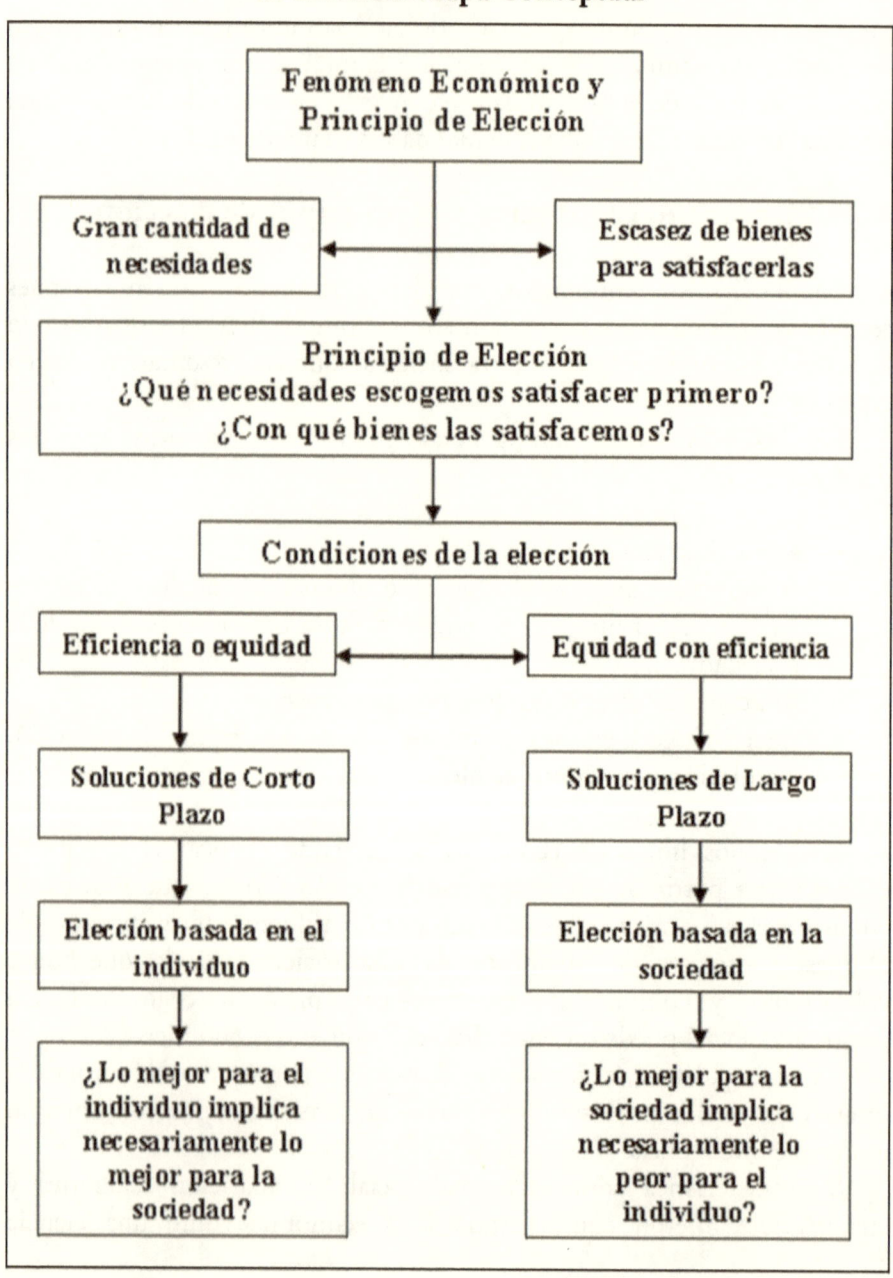

Por medio de la colaboración grupal y de la división del trabajo hemos sido capaces de incrementar nuestra producción y obtener, así, excedentes propios que podemos intercambiar por excedentes que pertenecen a otros grupos productivos y que son escasos para nosotros. De esta manera elevamos socialmente nuestra productividad y reducimos la escasez general.

Así mismo, el fenómeno económico por referirse a cantidades y valores (como el tiempo de trabajo, los volúmenes de producción, sus costos y precios), puede ser medido y esto ha convertido a la economía en una ciencia social que utiliza en forma intensa y extensa la matemática.

No debemos omitir que todo lo anterior lo realizamos en un ambiente de propiedad privada tanto de los medios de producción como del producto final y que por ello la normatividad jurídica forma parte fundamental de nuestra sociedad.

El fenómeno económico global está conformado de cuatro procesos que, aunque estudiamos individualmente por facilidad de comprensión, son en la realidad inseparables.

- **La producción** propiamente dicha donde obtenemos y transformamos los medios naturales para obtener satisfactores que podamos consumir.
- **La distribución** de dichos satisfactores, ya sean bienes o servicios, con el objeto de llevarlos desde los centros de producción a los centros de consumo.
- **La circulación** de dichas mercancías y servicios por medio del intercambio monetario en los mercados actuales.
- **El consumo,** el propósito inicial y fin último del fenómeno económico por el cual buscamos **satisfacer las necesidades humanas**. Si somos seres que vivimos en sociedad, si en sociedad con otros llevamos a cabo el proceso productivo, el objetivo último será por lo tanto el de proveer a la mayor cantidad de gente posible de los satisfactores que requieren para vivir.

Sería interesante en este momento llevar a cabo una reflexión acerca de los pensamientos que a continuación transcribo para el lector.

"En un país bien gobernado, la pobreza es algo que avergüenza. En un país mal gobernado, la riqueza es algo que avergüenza."

Confucio, 551 - 479 AC.

"... es difícil que un país pueda alcanzar grandes progresos si los que lo rodean se hallan hundidos en la ignorancia, la indolencia y la barbarie."

David Hume, 1758

"No puede haber una sociedad floreciente y feliz cuando la mayor parte de sus miembros son pobres y desdichados."

Adam Smith, 1776

"El excedente de riqueza es un depósito sagrado que su poseedor está obligado a administrar durante su vida en bien de la comunidad."

Andrew Carnegie, 1833-1919

Los pensamientos anteriores resaltan la importancia que tiene el concebir a la sociedad humana y a su actividad económica como una organización que debe poner por delante la eliminación de la pobreza y esto, como lo veremos más adelante, no sólo por cuestiones morales sino por la conveniencia de todos.

El principio de elección

Dado que los bienes son escasos y muchas las necesidades, la sociedad tiene que escoger entre diversas alternativas que se le presentan. Al hacerlo debe buscar la mejor alternativa posible de entre las que considera aceptables.

En los libros de economía más conocidos nos presentan una falsa disyuntiva: la sociedad debe optar entre **eficiencia** –aprovechar de la mejor manera posible los recursos escasos- o **equidad** –distribuir equitativamente los satisfactores entre la sociedad. Lo anterior significaría que la eficiencia y la equidad se contrapondrían y que sólo somos capaces de ser eficientes con una injusta distribución de la riqueza. Lo absurdo de esta disyuntiva salta a la vista si sustituimos, siguiendo el anterior razonamiento, la palabra eficiencia por inequidad:

La sociedad tiene que escoger entre inequidad o equidad.

Lo anterior proviene de la siguiente idea del liberalismo económico del siglo XVIII, idea que ha prevalecido hasta la actualidad refrendada por el llamado neoliberalismo:

"El individuo, al buscar su propio interés, a menudo promueve el de la sociedad más eficazmente que si realmente pretendiera promoverlo."

Adam Smith, 1776

Con toda certeza podemos, al poner de cabeza la frase anterior, expresar una verdad de mayor alcance histórico.

"Al buscar el individuo el interés de la sociedad, a menudo promueve el suyo propio más eficazmente que si realmente pretendiera promoverlo."

Carlos Encinas Ferrer

En *"La Pequeña Empresa"*, Revista Ante-Diem 1999

El dilema anterior debería ser presentado de la siguiente manera:

¿Cómo podemos lograr la mayor eficiencia dentro de la equidad?

Al elegir, no sólo debemos guiarnos por las opciones de corto plazo, debemos también considerar las de largo plazo, pues no siempre coinciden unas y otras.

Una sociedad en la que todos sus miembros tienen satisfechas las necesidades básicas de alimentación, salud, educación y vivienda es una sociedad que puede poner la vista en inversiones futuras de gran rentabilidad. Con un presente de hambre e insalubridad no hay más elección que atacar ese problema por delante de cualquier otro. **No puede haber eficiencia sin equidad.**

En la actualidad el 20% de la humanidad vive en países industrializados y posee el 80% de la producción mundial, esto se da mientras que el 80% restante vive en países de menor desarrollo y su producto interno representa tan solo el 20% de la producción mundial. Para que todos tuviéramos el mismo nivel de vida que tienen actualmente los habitantes de los países más desarrollados, la producción de los países de menor desarrollo debería crecer 16 veces y con ello la producción mundial habría aumentado cuatro veces o un 400%. Esto implicaría que produjéramos cuatro veces más alimentos, cuatro veces más automoviles, extrajeramos y refinaramos cuatro veces más petróleo, etc., etc.. ¿Es esto posible? Obviamente no, no hay suficientes recursos y lo que en la realidad tendríamos sería una elevación de precios al aumentar la demanda y no crecer la oferta en igual proporción, inflación que agudizaría la pobreza. Es obvio que se requiere modificar la cultura de consumo actual, el llamado *consumismo*.

En la parte dedicada al pensamiento económico presentaré la teoría de la elección del consumidor desde la perspectiva marginalista del pensamiento neoclásico.

1.3 ¿Qué es la economía?

El primero en utilizar el término *"economía"* fue el filósofo griego Aristóteles (384 - 322 a.c.). La palabra castellana viene del latín *oeconómia* la cual se forma de la conjunción de dos palabras griegas (οικονομία): *oikos*: casa y *nomos*: regla, y significa: *"Buena administración de la casa. Administración recta y prudente de toda clase de bienes."*

Cuando analizamos su origen debemos tener en cuenta que la casa griega o romana a la que se refiere la etimología no era nuestra casa actual, era un centro de producción y acopio; contaba con establos, graneros, talleres y vivienda para los esclavos. En ella se cultivaba, se criaba ganado y aves, se procesaban productos lácteos, se elaboraba vino, se almacenaban cosechas, se hacía acopio de agua de lluvia mediante cisternas o aljibes. Contaba con espacios para la vida de los esclavos, la principal mano de obra en aquella época.

El término ***economía política*** -como fue conocida por más de dos siglos nuestra ciencia- se introdujo por primera ocasión en el año 1615 por Antoine de Montchretien en plena época del mercantilismo- marcó el interés principal por estudiar las relaciones sociales de producción establecidas entre las tres clases principales de la sociedad burguesa: los capitalistas, los trabajadores asalariados y los terratenientes. Durante los siglos XVII y XVIII, una gran cantidad de pensadores aportaron sus observaciones y fueron poco a poco integrando un cuerpo de saberes que en 1776 Adam Smith conjuntaría ordenadamente en un cuerpo teórico del que nacería como ciencia la Economía.

Durante casi un siglo, de 1776 hasta la segunda mitad del siglo XIX, los economistas se referirán a la economía como *economía política*. No fue sino hasta las dos últimas décadas del siglo XIX que Alfred Marshall y los miembros de la escuela neoclásica le quitarían el término *política* para referirse a ella únicamente como economía, abandonando el interés por el estudio de la distribución del ingreso, estudio que llevaba irremediablemente a estudiar temas tan sensibles como el de la pobreza y la inequidad. A partir de ese momento la economía se divorcia de la sociología y se ve castrada de toda posibilidad de llevar a cabo un análisis crítico y objetivo que le permita aportar soluciones de fondo a los problemas de la humanidad. Los economistas de la corriente dominante, *main stream* la llaman los ingleses y norteamericanos, dedicarán todo su talento a la economía matemática y a la econometría, llenando cientos de millares de páginas de revistas especializadas con investigaciones sin aplicabilidad y trascendencia en la mayoría de los casos: puro virtuosismo matemático.

Sin embargo, nadie puede ocultar que la economía es una ciencia social que estudia los fenómenos económicos, buscando conocer sus leyes y poder predecir su comportamiento.

Como economía política busca, además, influir en el comportamiento económico de la sociedad aprovechando los conocimientos adquiridos por medio de la observación y la investigación científica. De allí viene el nombre del presente escrito y su intención. Retornar a la *economía política* implica volver a ocuparse de los problemas fundamentales de nuestra ciencia que son los de nuestra humanidad, producir satisfactores sufientes para todos los seres humanos y distribuir el ingreso para garantizar su consumo.

Lo que proponemos muchos es devolver a nuestra ciencia el pleno aprovechamiento de los métodos y herramientas que hemos generado.

"... lo que ganamos al discutir una defición, con frecuencia solamente en una muy pequeña parte está representado por la mayor propiedad de la fórmula que al fin adoptamos; consiste principalmente en la claridad y exactitud más grandes con que, durante el proceso de buscarla, vamos percibiendo las características de la cosa a que se refiere".

John Neville Keynes
Campo y Método de la Economía Política

Carlos Marx, en su obra *El Capital* (1867), nos da una muestra de la metodología de la investigación científica al realizar su estudio del sistema de producción capitalista partiéndo, dice él, de la célula básica que conforma su organismo: la mercancía.

La mercancia es un satisfactor producido por el ser humano para intercambiarse en el mercado. Por lo tanto, un mismo bien puede ser mercancia y puede no serlo si es que fue producido para el autoconsumo.

"La mercancia es, en primer lugar, un objeto exterior, una cosa que merced a sus propiedades satisface necesidades humanas del tipo que fueran. La naturaleza de esas necesidades, el que se originen, por ejemplo, en el estómago o en la fantasía, en nada modifica el problema. Tampoco se trata aquí de cómo esa cosa satisface la necesidad humana: de si lo hace directamente, como medio de subsistencia, es decir, como objeto de disfrute, o a través de un rodeo, como medio de producción".

Carlos Marx

Una de las primeras preocupaciones de los economistas fue el referente al tema del *valor* de las mercancías: ¿dónde se origina y cómo lo medimos? Estas preguntas han dado lugar a polémicas de profundo carácter ideológico y, por lo tanto, aún no resueltas.

Adam Smith, en su obra *Investigación sobre la Naturaleza y Causas de la Riqueza de las Naciones* -escrita en 1776-, llega a la conclusión de hay dos tipos de valor:

- El ***valor de uso*** que es la capacidad que tiene un bien de satisfacer una necesidad.
- El ***valor de cambio*** que consiste en la capacidad que tiene un objeto para ser intercambiado por otros, ya sea directamente, o a traves del dinero.

A partir de esta observación busca explicar el origen del valor de cambio:

*"Debemos advertir que la palabra **valor** tiene dos significados diferentes, pues a veces expresa la utilidad de un objeto particular, y, otras, la capacidad de comprar otros bienes, capacidad que se deriva de la posesión del dinero. Al primero lo podemos llamar 'valor en uso', y al segundo, 'valor en cambio'. Las cosas que tienen un gran valor en uso tienen comunmente escaso o ningún valor en cambio, y por el contrario, las que tienen un gran valor en cambio no tienen, muchas veces, sino un pequeño valor en uso, o ninguno. No hay nada más útil que el agua, pero con ella apenas se puede comprar cosa alguna ni recibir nada en cambio. Por el contrario, el diamante, apenas tiene valor en uso, pero generalmente se puede adquirir, a cambio de él, una gran cantidad de otros bienes".*

Adam Smith

Resulta interesante que la economía dominante, si bien acepta sin discusión muchos otros postulados de Smith, rechazan categóricamente su teoría del valor.

Existen dos corrientes del pensamiento económico con visiones opuestas acerca de este tema, el valor de cambio de las mercancias:

1. La escuela objetiva del valor, también llamada escuela del valor trabajo, según la cual el origen del valor de cambio está determinado por la cantidad y calidad del trabajo empleada en producir una mercancia. Veamos la defición de economía más famosa de esta escuela:

"... economía política, en el sentido más amplio de la palabra, es la ciencia de las leyes que rigen la producción y el intercambio de los medios materiales de vida en la sociedad humana".

Federico Engels
Anti-Dühring

2. La escuela subjetiva del valor, en la que la actividad económica es observada desde el punto de vista del sujeto cuyas preferencias sicológicas son determinantes del valor de cambio. Veamos una definición clásica de economía perteneciente a esta escuela:

"Es la ciencia que estudia la conducta humana como una relación de fines a medios de satisfacción que, siendo escasos, pueden aplicarse a varios usos entre los cuales hay que optar".

Lionel Robbins
Ensayo sobre la Naturaleza y Significado de la Ciencia Económica

Si bien esta propuesta de Robbins de 1932, permite por un lado ampliar el objeto de estudio de la economía a prácticamente cualquier problema social, por el otro circunscribe el estudio económico al análisis de situaciones en las que la optimización es el objetivo final. Como vemos, se acentúa el divorcio de la economía con la sociología.

CAPÍTULO 2

Las necesidades, los bienes y los servicios

"...cuando se ha establecido completamente la división del trabajo, es solamente una pequeña parte de los deseos del hombre lo que puede proveer su propia labor. El hombre obtiene la parte más grande de sus necesidades con el intercambio del sobrante de la producción de su propia labor, la que supera su propio consumo, por las partes de la producción excedente de la labor de otros hombres. Cada persona, por lo tanto, vive con el intercambio y llega a ser, hasta cierto punto, un comerciante, y la sociedad llega a ser una auténtica sociedad comercial".

Adam Smith
La Riqueza de las Naciones
1776

2.1 ¿Qué son las necesidades y cómo se clasifican?

"La necesidad es fundamentalmente un sentimiento de falta, de insuficiencia; la reacción psíquica que provoca en el sujeto cualquier ruptura del equilibrio entre las fuerzas internas de su organismo y las del medio cósmico que lo rodea. Por eso ..... la satisfacción de las necesidades exige un intercambio de energía entre el hombre y el cosmos, ... debe mantener ese equilibrio, restablecerlo cada vez que se altera, como inexcusable condición de la existencia del ser humano: si éste ha de seguir viviendo, tiene que responder a la sensación de desequilibrio con una serie de actos destinados a restaurarlo".

Francisco Zamora
Tratado de Teoría Económica, 1953

Los economistas clásicos dieron poca atención al concepto necesidad debido principalmente a sus implicaciones psicológicas ya que cada individuo tiene sus propias preferencias de consumo, las cuales pensaban no eran medibles.

Debemos distinguir en primer lugar entre dos conceptos del término necesidad: aquel que se refiere precisamente a las necesidades biológicas (beber, comer, dormir, etc.) y el que tiene que ver con necesidades de tipo productivo y administrativo ("necesidad de harina para hacer pan", decía nuestro maestro Francisco Zamora).

Es importante señalar que la distinción entre necesidades fisiológicas y psicológicas tiene mucho de artificial ya que resulta cada vez más difícil hacer diferenciaciones entre ambos tipos de fenómenos. Lo mismo podemos decir de la pretensión de la escuela subjetiva de diferenciar claramente las necesidades individuales de las colectivas o sociales.

Las necesidades han sido clasificadas de numerosas formas, veámos algunas de ellas:

- Necesidades presentes y futuras
- Necesidades atractivas y repulsivas
- Necesidades positivas y negativas
- Necesidades físicas y psicológicas
- Necesidades artificiales y culturales
- Necesidades urgentes y diferibles
- Necesidades individuales y colectivas
- Necesidades inmediatas y mediatas
- Necesidades absolutas y relativas, etc., etc.

Carlos Marx fue muy claro al establecer que independientemente de la clasificación que hagamos de las necesidades... *"La mercancía es, en primer término, un objeto externo, una cosa apta para satisfacer necesidades humanas, de cualquier clase que ellas sean. El carácter de estas necesidades, el que broten por ejemplo del estómago o de la fantasía, no interesa en lo más mínimo para estos efectos. Ni interesa tampoco, desde este punto de vista, cómo ese objeto satisface las necesidades humanas, si directamente, como medio de vida, es decir como objeto de disfrute, o indirectamente, como medio de producción."*[2]

---

[2]   Carlos Marx. *El Capital*. Libro Primero. 1867.
http://personales.ya.com/mgiribets/biblioteca/biblio127.htm

2.2 Bienes y servicios que satisfacen necesidades

Las necesidades, tanto las de consumo directo como las de consumo productivo o intermedio, se satisfacen con dos clases de medios: los bienes y los servicios.

Los bienes son objetos materiales que sirven para satisfacer nuestras necesidades directas (alimentos, ropa, agua, papelería, gasolina, etc., etc.) mientras que los servicios son de tres tipos (siguiendo a Francisco Zamora):

a.	la ejecución de un trabajo en provecho y bajo las órdenes de otra persona (servicios de un mecánico para arreglar nuestro coche, servicios de un fontanero contratado para arreglar un lavabo, el trabajo de un electricista al cual le pagamos por componer un corto circuito, etc., etc..)

b.	los servicios que nos prestan los bienes materiales al usarlos, tanto en los procesos productivos, como en el hogar. Debemos señalar que estos bienes materiales se diferencian de aquellos que consumimos de una sola vez en que tienen una vida util larga, como por ejemplo, el caballo que jala la carreta o que nos traslada de un lugar a otro, la maquina o las herramientas que nos permiten fabricar otros productos o realizar a nuestra vez servicios a otras personas, el libro que consultamos en nuestras clases en el bachillerato, etc., etc..

c.	los que resulta de la actividad del trabajo humano, utilizando muchas veces los bienes materiales mencionados en el inciso "b" y que no se manifiesta en la forma de un bien material, como cuando decimos: los servicios telegráficos, el servicio de transporte urbano, etc., etc.

Los bienes materiales mencionados en los incisos *b* y *c* son considerados como parte del capital acumulado por la humanidad durante varias generaciones. Existe una discusión entre las escuelas objetiva y subjetiva sobre la posición de ese capital material utilizado en los procesos productivos. Para la escuela subjetiva el capital es creador de valor al tener capacidad de transformar los bienes que son utilizados en los procesos productivos. Para la escuela objetiva, en cambio, esos bienes materiales son, en realidad, trabajo pasado materializado en bienes que van transmitiendo poco a poco su valor a los bienes producidos hasta agotarlo completamente, dejando entonces de ser útiles y teniendo que ser substituidos por otros nuevos, muchas veces más desarrollados tecnológicamente y capaces por lo tanto de facilitar aún más el trabajo de quienes los emplean. Lejos de ser creadores de valor, lo único que hacen es ayudar a la fuerza de trabajo humana a elevar su productividad.

Consideremos, siguiendo a Bodin (según Francisco Zamora) los bienes según su naturaleza y su función.

I. Entendemos la naturaleza de los bienes como:

   i. El modo de ser de los bienes con referencia al ser humano:
- Naturales.- Ajenos por completo al ser humano. (La tierra, el agua y el espacio que nos rodea y todo lo que contienen; las plantas y los animales –exceptuando el ser humano- que en ellos habitan.
- Humanos.- el hombre mismo y sus facultades.
- Mixtos.- Los que resultan de cualquier aplicación del trabajo humano, por mínima que sea, ya sea a los bienes naturales o a mixtos preexistentes. (la tierra convertida en cultivable por nuestro esfuerzo, las herramientas y máquinas, el agua canalizada o embalsada, etc., etc.).

   ii. La manera de ser de los bienes, considerados en sí mismos.
- Materiales (con existencia física).
- Inmateriales (producción de la mente).

I. La función de los bienes puede apreciarse:

   i. Desde el punto de vista propiamente económico.
- Presatisfacientes (utilizables para preparar la satisfacción).
- Satisfacientes (satisfacen la necesidad directamente).

   i. Desde el punto de vista técnico.
- Activos (ejercen la acción transformadora de la utilidad).
- Pasivos (reciben la acción transformadora de la utilidad).

2.3 La utilidad

El concepto *utilidad* tiene, en economía, un sentido diferente al que tiene en contabilidad. La utilidad contable es la diferencia entre los ingresos y los egresos y equivale, por lo tanto, al concepto **beneficio** que utilizamos en economía.

La utilidad en economía es la capacidad que posee un bien o servicio para satisfacer una necesidad. Resulta el concepto fundamental en la escuela subjetiva para determinar el valor de las mercancías.

Un bien es subjetivamente valioso para un individuo cuando es necesario para su bienestar, bienestar que consiste en la plena satisfacción de sus necesidades. En la medida en que esas necesidades sean subjetivas o personales, la utilidad de los bienes y servicios será también subjetiva y personal, y, por lo tanto, el valor de las mercancias será también un atributo subjetivo para el individuo que las consume.

Las necesidades tienen dos características esenciales:
- Calidad de la necesidad, y
- Cantidad de la necesidad

Además presentan una característica que Zamora llama ocasional:
- La intensidad de la necesidad

Las características anteriores resultan fundamentales para poder graduar la utilidad de los satisfactores que las satisfacen en orden jerárquico.

Salta a la vista, sin embargo, que aquellas caracterísiticas pueden ser, salvo en el caso de necesidades básicas como el comer, relativas e influenciadas por factores culturales y relacionadas con el nivel socio cultural de los individuos.

2.4 El valor

Como señalaba anteriormente, el origen del valor ha dividido a la economía en dos corrientes. A continuación pasaré a analizar el valor desde el punto de vista de la escuela objetiva.

Enfrentados al problema que presentaba la diferencia que surge entre costo de producción y precio, los economistas clásicos buscaron explicar de dónde provenía la diferencia entre el valor final de una mercancia ya terminada y el costo que hubo que invertir para producirla. Esta inquietud fue acompañada de los análisis realizados para explicar el origen de la renta agraria.

Podemos asegurar que una caracterísitica fundamental de la economía política tiene que ver con el estudio del valor, la creación de la renta y su distribución entre los tres grandes grupos económicos: los trabajadores, los propietarios de la tierra y los capitalistas industriales.

Los primeros economistas plantearon la teoría del valor trabajo y señalaron que el valor de las mercancias dependía del poder transformador de la fuerza de trabajo humana que es capaz de dar nuevo valor de uso a los materiales usados en la fabricación de un bien. Esta teoría objetiva tuvo su mejor explicación en la teoría de la plusvalia de Carlos Marx, según la cual la fuerza de trabajo es capaz de generar su precio de mercado –su salario- en un número de horas menor que el total que tiene que trabajar. En esas horas adicionales el trabajador continúa generando valor de uso y valor de cambio. Sin embargo, debido a la propiedad privada de los medios de producción –lo que conocemos como el capital- el dueño del mismo se apropia de ese plusvalor generado por la fuerza de trabajo.

Marx señala que lo que determina el valor de las mercancias es, por lo tanto, el tiempo de trabajo socialmente necesario para producirlas, promedio del tiempo de trabajo de todos los obreros –desde los más productivos hasta los menos capacitados- que va variando conforme avanza la tecnología y se acumula más capital por trabajador, lo que eleva la capacidad productiva de la mano de obra y aumenta la habilidad en el trabajo de los obreros.

Marx se da cuenta de que conforme el ser humano va desarrollando la tecnología y automatizando los procesos productivos la mano de obra directa necesaria va disminuyendo su participación en la producción y, de igual modo la plusvalia va poco a poco disminuyendo.

Lo anterior implicaría que al factor trabajo, representado en los asalariados, le correspondería cada vez más una proporción menor del producto nacional, lo cual disminuiría la capacidad del mercado interno para consumir la cada vez creciente capacidad productiva de la sociedad y afectaría así el funcionamiento del mercado como asignador de bienes y servicios y de factores de la producción.

De acuerdo con esta teoría, el capitalismo sería por lo tanto un sistema productivo sustentado en la explotación de la mano de obra y en la apropiación del plusvalor por parte de la llamada burguesia, dueña de los medios de producción.

Debemos añadir algo que resulta muy importante para entender las teorías de Marx y es que en ellas este sistema de producción tendría forzosamente un tiempo determinado de vida y que sería, tarde o temprano, substituido por otro conforme la sociedad avanzara en su desarrollo económico, de la misma manera como el esclavismo dejó su lugar al feudalismo y este al capitalismo.

Ante esta teoría de la explotación surgió otra que, por el contrario, atribuyó la diferencia entre precio y costo a los gustos y necesidades de individuos que están dispuestos a pagar una cantidad de dinero mayor por las mercancias que la que fue necesaria para producirlas. De esta manera el beneficio no aparece en el proceso productivo sino en el mercado, al intercambiar las mercancias por dinero.

A partir de este momento la maximización del beneficio se vuelve contable y la teoría que mejor la explica es la llamada teoría marginalista. Esta escuela fundamenta la explicación del equilibrio general en la marginalidad, estos es, en lo adicional.

Aparece así la **utilidad marginal**, el beneficio adicional que obtiene un individuo al consumir una unidad adicional de un producto; el **costo marginal**, el costo adicional de producir una unidad adicional de un producto; el **ingreso marginal**, el ingreso adicional que obtiene un vendedor al vender una unidad adicional de un producto. Todo queda explicado por la marginalidad.

Veamos sus principios.

La utilidad marginal es la satisfacción adicional generada por el consumo de una unidad adicional de una mercancia, manteniéndose constante la cantidad de todos los demás bienes. Aunque, conforme consumimos cantidades adicionales de un producto, nuestra utilidad aumenta cada unidad adicional nos reporta un incremento de la utilidad que es menor que la unidad previamente consumida. A esto llamamos *utilidad marginal decreciente.* Veamos un ejemplo:

Tabla 1- Utilidad marginal decreciente		
Cantidad consumida	**Utilidad total**	**Utilidad marginal**
0	0	0
1	5	5 - 0 = 5
2	8	8 - 5 = 3
3	10	10 - 8 = 2
4	11	11 - 10 = 1
5	11	11 - 11 = 0

Imaginemos que estamos comiendo tacos y que hemos sido capaces de determinar la satisfacción que cada uno de ellos nos dará conforme vayamos comiéndolos. En la primera columna partimos de cero tacos comidos y de allí en adelante vamos ingiriendo de uno en uno. Cero tacos obviamente no nos proporcionan ninguna satisfacción; el primer taco es el que más valoramos y nos ha dado una satisfacción total de 5 unidades, comemos el segundo y consideramos que la satisfacción total que hemos logrado es de 8, pues valoramos en tres la satisfacción adicional, si a la satisfacción total lograda hasta el momento le restamos la satisfacción previa (8 – 5) obtendremos la satisfacción marginal del segundo taco (3). Así sucesivamente, seguiremos comiendo hasta que ya no obtengamos ninguna satisfacción adicional pues a partir de ese momento la satisfacción se volvera negativa y podremos, incluso, caer enfermos por indigestión en nuestro ejemplo.

Observamos dos problemas fundamentales cuya importancia esta teoría omite:

a. se basa en bienes cuyo consumo puede darse en unidades separadas (los alimentos, por ejemplo) no en bienes cuyo consumo es unitario (como los automóviles);

b. supone que podemos darle claramente un valor descendente a cada unidad consumida.

2.5 La riqueza

En los grupos humanos primitivos el acopio de los medios escasos de satisfacción dio origen a la riqueza, la cual fue, mediante el despojo, poco a poco convirtiéndose en propiedad privada. Esta propiedad sobre excedentes hizo posible el trueque y, en gran medida, el dominio sobre aquellos individuos y grupos que no los poseían.

En la actualidad seguimos considerando a la riqueza como la posesión privada de cosas de valor; por lo mismo la riqueza está formada por una gran diversidad y cantidad de bienes. Tendemos a equiparar a la riqueza con la posesión de dinero pero esto es debido a que con él podemos adquirir bienes de consumo y de uso, Realmente el dinero nos muestra así su función de reserva de valor, esto es, la moneda nos permite adquirir la verdadera riqueza que son los excedentes materiales y de servicios acumulados en épocas anteriores; es el dinero el que nos da acceso a ellos.

El gran economista, Paul Samuelson (Premio Nobel de Economía 1969), dice que la riqueza está formada por la diferencia entre el activo (todo lo que poseemos) y el pasivo (todo lo que debemos).

Más importante para nosotros que la riqueza individual – de la cual disfrutan en gran cantidad sólo unos pocos en este mundo- es la riqueza nacional, pues de ella dependen nuestros empleos, nuestros ingresos, los servicios a que podemos tener acceso en forma colectiva. La riqueza nacional es la cantidad de bienes y servicios con los que cuenta un país para trabajar y producir. Se compone de edificios y construcciones (nuestras escuelas, hospitales, carreteras, plantas hidroeléctricas y termoeléctricas, refinerías de petroleo, oleoductos y gasoductos, etc., etc.), maquinaria (la que se encuentra dentro de aquellas construcciones y que nos permiten producir electricidad, gas, gasolina, etc.), tierra (tanto la tierra cultivable, los bosques y la tierra de pastoreo, como el subsuelo con sus reservas de metales, petróleo, etc.) y muchos otros bienes económicos que puestos a disposición de la mayor riqueza de que disponemos, nuestra fuerza de trabajo, podrán ayudar a producir satisfactores adicionales.

Si lo anterior es cierto, requerimos también una adecada distribución de esa riqueza nacional que permita que la mayoría de la población asalariada tenga niveles de consumo que permitan el buen funcionamiento del mercado.

CAPÍTULO 3

¿Cómo funciona la economía?

"Todas las sociedades humanas —ya sean países industriales avanzados, economías basadas en un sistema de planificación central o países tribales aislados- deben afrontar y resolver tres problemas económicos fundamentales. Todas las sociedades deben decidir de alguna manera **qué** *bienes se producirán,* **cómo** *se producirán y para* **quién** *se producirán.*

De hecho, estas tres preguntas fundamentales sobre la organización económica -el qué, el cómo y el para quién- son tan fundamentales hoy como en los albores de la civilización del hombre".

Paul A. Samuelson y William D. Nordhaus
Economía

3.1 Acto económico

Señalaba al comienzo de este libro que el ser humano, como un ente biológico, requiere tomar de la naturaleza que lo rodea los elementos que le permiten sobrevivir. Al tener consciencia de estas necesidades y al darse cuenta de lo que tiene que hacer para satisfacerlas, realiza actos económicos. Es el acto económico, por lo tanto, una manifestación de su voluntad dirigida a satisfacer sus necesidades mediante hechos conscientes. Los libros de economía olvidan a menudo señalar que no es el acto económico un hecho individual y aislado sino, por el contrario, compartido por toda la colectividad con la que vivimos.

Mientras que para los subjetivistas el acto económico consiste en la obtención de bienes escasos para satisfacer necesidades humanas; para los objetivistas el acto económico es la obtención de satisfactores mediante la aplicación del trabajo humano consciente.

Decimos que los actos dirigidos a llenar necesidades que se satisfacen con medios escasos son económicos, cuando el deseo por esos medios es general. Lo anterior significa que no se trata de un deseo aislado, de un individuo en lo particular, sino que es un deseo compartido por la generalidad de los miembros de la colectividad.

Al llevar a cabo los actos económicos que le permiten obtener los satisfactores que mitiguen su necesidad, el individuo, en colectividad, compara el esfuerzo que fue necesario realizar para obtenerlos y la satisfacción que obtuvo al consumirlos. Por otra parte, es probable que el medio de que disponemos pueda usarse para diferentes fines y entonces habrá que valorar cuál de ellos satisfaremos en lugar de los otros. De lo anterior se deriva el que a veces definamos a la economía como la ciencia de la elección.

3.2 Actividad económica

Veamos la definición que nos da Francisco Zamora en su *Teoría Económica*[3] de esta frase: "Llamamos actividad económica al encadenamiento y repetición sistemática de actos económicos."

La actividad económica consiste en una serie de actos económicos ligados entre sí y que realizamos colectivamente de manera repetitiva, organizada y sistemática. Es producto de la experiencia humana adquirida en la obtención de satisfactores, experiencia que es preservada colectivamente, mejorada constantemente y por medio de la cual hacemos permanentes lás tecnicas productivas generadas en sociedad con otros productores.

La actividad económica consiste también en ramas productivas de la economía de un país: la agricultura, la minería, la pesca, la industria petroquímica, la piscicultura, etc., etc. Como un ejemplo de actividad económica veamos la serie de actos económicos que están implícitos, por ejemplo, en la agricultura:

a. nivelación y preparación del terreno;
b. limpieza del terreno;

---

[3] Francisco Zamora. *Tratado de Teoría Económica*. Fondo de Cultura Económica. México. 1984.

c. roturación y fertilización;
d. siembra;
e. labores de cultivo;
f. riego;
g. cosecha;
h. transporte;
i. almacenamiento.

Veamos otro ejemplo de actividad económica en el sector manufacturas. En este caso, en la curturía en la que se convierten las pieles de los animales en cuero:

a. limpieza, se quita el pelo de la piel;
b. curtido, se utilizan agentes químicos para el curtimiento;
c. recurtimiento, teñido y licor grasoso para reemplazar los aceites naturales de la piel perdidos durante el proceso; y
d. acabado

Dado que este proceso, al igual que muchos otros, es sumamente contaminante, hoy en día se requieren controles y procesos adicionales para reducir lo que en economía llamamos externalidades negativas en los que la sociedad y otras actividades económicas se ven perjudicadas por una rama industrial que sin controles medioambientales ocasiona costos a la sociedad, ya sean de salud o de destrucción de recursos naturales, como la contaminación del agua.

CAPÍTULO 4

La producción

"Ante el hecho innegable de que los bienes son escasos en relación con los deseos, una economía debe decidir cómo va a arreglárselas con unos recursos limitados. Ha de elegir entre diferentes canastas potenciales de bienes (el qué), escoger entre diferentes técnicas de producción (el cómo) y decidir finalmente quién va a consumir los bienes (el para quién).

Paul A. Samuelson y William D. Nordhaus
Economía

4.1 ¿Cuáles son los factores de producción?

Los factores de producción son las mercancías y los servicios – insumos los llamamos en economía- que se utilizan para producir, a su vez, mercancías y servicios finales. Esta definición puede tomarnos de sorpresa: ¿y donde quedó el dinero? ¿No es el dinero el factor más importante? El dinero es un medio de intercambio que nos permite adquirir bienes, ya sea para consumirlos directamente satisfaciendo nuestras necesidades, o indirectamente, para llevar a cabo proccsos de producción propios de actividades económicas.

En la definición anterior encontramos a nuestra fuerza de trabajo presentada como un servicio, pero un servicio que tiene las características propias de las mercancias. Es, por lo tanto, una definición dada desde la perspectiva del sistema capitalista para el cual la fuerza de trabajo es una mercancia que se compra y vende en un mercado laboral y en el que el precio es el salario.

Los factores de producción, desde el punto de vista de la economía, se clasifican en tres grandes grupos:

- El *trabajo* – la fuerza física e intelectual que dedican los seres humanos a la producción en actividades económicas, como la producción de zapatos, automóviles y manufacturas en general; al cultivo de la tierra y la producción agrícola; a la enseñanza en la escuela; a la elaboración de alimentos; a los procesos administrativos; a la creación de tecnológía y nuevos saberes; a la pesca. En el trabajo encontramos todo tipo de habilidades o cualificaciones: desde el pepenador que separa la basura y permite su reciclaje; hasta el ingeniero en electrónica que desarrolla nuevas computadoras y sistemas.

- La *tierra* – bajo este concepto englobamos todos los recursos naturales. Entre ellos encontramos a la tierra que utilizamos con fines agrícolas o para asentar en ella nuestras viviendas, fábricas, escuelas, hospitales, carreteras, etc.; los energéticos indispensables para mover nuestras maquinas, generar electricidad, calefacción para nuestros hogares, cocinas; los minerales como el cobre, el mineral de hierro, la plata, la arena sílica de la cual obtenemos vidrio, etc., etc.; los recursos del medio ambiente como el aíre no contaminado, el agua potable, la capa forestal, etc.

- El *capital* – aquí encontramos todos los bienes duraderos que se fabrican para a su vez utilizarlos en los procesos productivos de las actividades económicas. Entre estos se ecuentran las máquinas de todo tipo, la presas generadoras de energía hidroeléctrica, las computadoras, las carreteras, los martillos, pinzas y herramienta en general, las máquinas de escribir, los automotores para carga y transporte, las carreteras, los edificios y construcciones. La acumulación de estos bienes es indispensable para lograr el desarrollo económico que nos permita elevar el nivel de vida de nuestra colectividad.

Como señalabamos más arriba, la distribución del ingreso nacional entre estos factores representó durante muchas décadas el principal interés de los estudiosos de la economía política.

4.2 Sectores productivos

Las actividades económicas se engloban incialmente en tres grandes sectores de la producción:

- *Sector primario* que abarca todas aquellas actividades que tienen que ver con la agricultura, la ganadería, la silvicultura, la caza y la pesca. Antes se incluía en este sector a la minería y la extracción petrolera pero en la actualidad se incluyen en el sector industrial o manufacturero.

- *Sector secundario* o *industrial*. Se divide en dos subsectores:
  a) industria extractiva que abarca la minería y la extracción petrolera, y
  b) industria de transformación que abarca toda la actividad manufacturera que utiliza materias primas -ya sean de origen biológico, mineral o químico- y productos semielaborados para su transformación en productos de consumo final o de consumo intermedio.

- *Sector terciario* en el que incluimos todas las actividades económicas del área de servicios como pueden ser: comercios, bancos, hoteles, enseñanza escolar y universitaria, talleres automotrices, lavanderías de ropa, etc. Es necesario señalar que este sector no genera producción física adicional o nueva pero es indispensable para el funcionamiento del resto de la economía.

Como lo vimos en el caso del sector secundario, cada uno de estos sectores se subdivide a su vez conformando los que conocemos como subsectores.

Cuando analizamos históricamente la evolución de cada uno de estos sectores observamos que cada uno de ellos tuvo un momento dominante dependiendo del grado de desarrollo económico que la sociedad alcanzaba. De esta manera el sector primario fue el predominante durante miles de años y el principal generador de empleo.

Con el advenimiento de la revolución industrial el segundo sector desplazó al primero y la revolución tecnológica que la acompaño permitió liberar mano de obra agrícola y ganadera que fue ocupada por la naciente y creciente industria.

La revolución tecnológica que se da en el último cuarto del siglo XX, permitió una automatización cada vez mayor de los procesos productivos manufactureros y desplazó mano de obra que fue absorbida por el sector terciario, el de los servicios. Esto permitió ocultar el problema del desempleo latente por un tiempo hasta que la automatización alcanzó también al sector terciario.

La crisis financiera de 2008 puso al descubierto este problema y elevó las tasas de desempleo en los países industrializados, desempleo que incrementó la llamada tasa natural a niveles de los que no ha podido disminuir y probablemente nunca lo haga.

El problema del sistema económico en que vivimos es que carece de un sector cuarto en el cual las personas recibirían sus ingresos por actividades fuera del mercado.

Ante esto, la gran pregunta es ¿si la mayoría de la humanidad lo único que posee es su fuerza de trabajo y no encuentra en el mercado de los factores de la producción el ingreso que le permita consumir los bienes y servicios que requiere para subsistir y que en forma creciente somos capaces de generar, para quién está produciendo el sistema?

Nos enfrentamos así a una contradicción que ya había sido señalada por Marx: mientras que la producción tiene cada vez más un carácter social, la apropiación del ingreso no.

Los paliativos que introdujo Keynes buscando redistribuir el ingreso y que promovieron un crecimiento económico por unos años, han sido curiosamente satanizados y combatidos por el neoliberalismo orillando cada vez más a la sociedad a una crisis de gran magnitud.

4.3 Actividades productivas

Las actividades productivas operan la transformación, fundamentalmente a través de la fuerza de trabajo en las diferentes formas que hoy en día esta última tiene, de las mercancías y servicios que llamamos *factores de la producción*, en otras que llamamos *productos*. Esta actividad la desarrollan los sujetos económicos a través de sistemas denominados **sistemas productivos**, realizados y controlados por los propios sujetos económicos. En ese sentido, decimos que la actividad productiva es la que desarrollan los sistemas productivos. Tales sistemas, son siempre subsistemas de los sectores productivos que vimos anteriormente.

En los modernos sistemas económicos de mercado, la mayor parte de la actividad productiva se desarrolla en empresas de negocios que operan en mercados abiertos que distan mucho de ser competitivos. En el contexto de los negocios la actividad productiva adquiere características especiales.

Es importante tomar en cuenta que las actividades productivas pueden ser realizadas en grandes empresas y consorcios transnacionales, pero no necesariamente esa es la mejor forma de organizarnos para producir. En la actualidad nos hemos dado cuenta que es importantísimo promover la organización de productores en las llamadas PYMES, pequeñas y medianas empresas que tienen la enorme cualidad de generar grandes cantidades de empleos.

CAPÍTULO 5

En el mercado

*Los términos oferta y demanda se refieren a la conducta de las personas cuando se interrelacionan en los mercados. Un **mercado** es un grupo de compradores y vendedores de un determinado bien o servicio. Los compradores determinan conjuntamente la demanda del producto, y los vendedores, la oferta.*

N. Gregory Mankiw
Principios de Economía

5.1 El precio

El gran economista mexicano y siempre recordado maestro, Alonso Aguilar Monteverde, nos repetía constantemente en las clases de Planeación Económica, en la Escuela Nacional de Economía de la UNAM, lo siguiente: *"El mercado es una categoría histórica"*. Con esto nos señalaba varias cosas; entre ellas, que por ser histórica es una categoría en cambio y evolución, que tiene una existencia determinada por las condiciones que le dieron origen y que su existencia, por lo tanto, no es permanente.

Podemos añadir que, efectivamente, es una categoría histórica y social. Requiere de la existencia social del ser humano para su funcionamiento. Curiosamente son los más acérrimos defensores del individualismo, los neoliberales, los que usan como bandera de sus ideas una categoría que no tendría existencia si no fuera porque refleja mejor que ninguna otra la acción conjunta de aquella parte de la sociedad que dispone de ingresos monetarios para consumir y aquella otra que logra, mediante el trabajo social, excedentes para vender en el mercado.

El gran economista español, Juan Tugores Ques, ha señalado "… que los mercados son un 'bien público' demasiado importante como para dejarlos en manos de sus apologetas más interesados…"[4]

El mercado es un mecanismo asignador de recursos escasos, por lo tanto su existencia está determinada por la propia escasez. Debemos recordar que la escasez es un término relativo, es decir, está relacionado con la enorme cantidad de necesidades que la sociedad tiene y para la cual no existe suficiente producción.

El mercado es un mecanismo, nos dice Paul Samuelson, en que los compradores y los vendedores determinan conjuntamente los precios y las cantidades de las mercancías que unos quieren comprar y que los otros quieren vender. Algunos se encuentran en lugares físicos (edificios, construcciones, etc.); en otros las operaciones se llevan a cabo a través del teléfono o de computadoras. En la actualidad algunos se organizan en Internet.

Diagrama 3. El Flujo Circular de la Economía

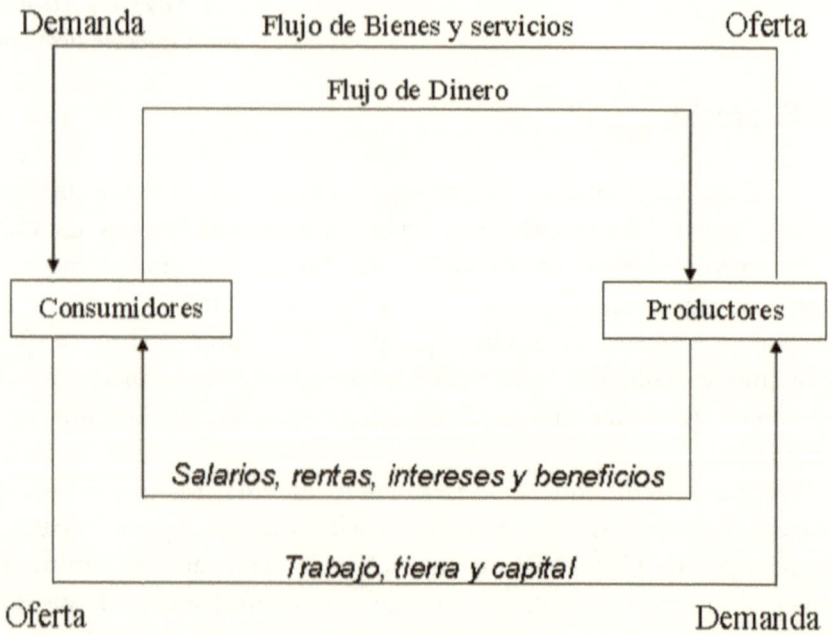

---

4   Juan Tugores Ques (2011) en el Prólogo de *Escritos Económicos Varios* de Carlos Encinas Ferrer. Editorial Libros en Red, Buenos Aires.

En el muy elemental diagrama anterior muestro el esquema más simple del mercado. En él observarán que lo que conocemos como **mercado**, el de bienes y servicios, es sólo la mitad del mercado total.

Para formar parte de la demanda necesitamos tener dinero para comprar los bienes y servicios que nos ofrecen los productores o empresas y ese dinero lo obtenemos gracias a que en la otra mitad del mercado somos vendedores u oferentes de factores de producción, principalmente nuestra fuerza de trabajo, así como de nuestras tierras y capital.

EL PRECIO

Conocemos como precio al costo monetario de un bien, servicio o activo. Se mide en unidades monetarias por unidad del bien (por ejemplo, 5 pesos por un taco, 1,000 pesos una bicicleta, 2,000 pesos por una televisión, 5 pesos por un periódico, etc.).

Decimos que un mercado opera adecuadamente cuando el precio en el que se ponen de acuerdo vendedores y compradores es capaz de vaciarlo, o lo que es lo mismo, cuando los compradores compran todo lo que querían comprar y los vendedores venden todo lo que produjeron.

En los siguientes temas veremos cómo se forma el precio.

5.2 La oferta

Comencemos a construir la representación gráfica más famosa de la economía, aquella en que la oferta y la demanda interactúan para generar el punto de equilibrio entre ambas, punto que representa el precio y la cantidad acordados.

Antes que nada comencemos con la oferta.

Los seres humanos nos organizamos para producir. El desarrollo histórico de las relaciones sociales condujo a la propiedad privada tanto de bienes como de medios de producción. A partir de ese momento, los llamados capitalistas adquirieron la responsabilidad de administrar esos bienes productivos buscando su propio beneficio, lo que los obliga a abastecer de satisfactores a la sociedad en la cual viven.

Pensemos, como un ejemplo, en un pequeño productor de zapatos. En su taller familiar, o pica, en la ciudad de León, en el estado mexicano de Guanajuato; tiene instalaciones, maquinaria y mano de obra que le permitirían producir hasta 1,000 pares de zapatos a la semana. Sin embargo, el costo unitario de producir la primera unidad es diferente al de producir la número 100, conforme se acerca a su límite máximo de producción cada unidad le cuesta más que la anterior. Por lo mismo, sólo puede producir más si el precio es mayor y le permite cubrir sus costos unitarios mayores.

Veamos un ejemplo de lo anterior: el zapatero produce 800 pares a la semana, es decir aprovecha el 80% de su capacidad total que dijimos era de 1,000 unidades. Si suma todos sus costos (100,000 pesos, por ejemplo) y los divide entre los 800 pares que produce (100,000/800 = 125) obtenemos un costo promedio de 125 pesos por par. Supongamos que el zapatero puede vender sus zapatos a 135 pesos el par y gana 10 pesos por par; su ingreso total será 135 x 800 = 108,000. A esos 108,000 pesos le restamos los 100,000 de costos y le dejan un beneficio al zapatero de 8,000 pesos a la semana.

Un nuevo cliente le pide 200 pares adicionales a la semana con lo que nuestro zapatero aprovecharía el 100% de su capacidad de producción (1,000 pares a la semana). El problema que tiene ahora es que no dispondrá de tiempos libres para reparar su maquinaria, la cual ya tiene muchos años de uso, corriendo el peligro de que se descomponga y tenga que parar su producción y perder sus ventas. Por otro lado, para producir los 200 pares adicionales tendrá que contratar más trabajadores y tal vez no sean tan productivos como los que tiene ahora y con todo esto cada par adicional que produzca le costará 140 pesos que es más que el precio al que los vendería. Salta a la vista que mientras el precio por unidad al que puede vender sus zapatos no aumente, seguirá produciendo solamente los 800 pares a la semana.

Construyamos una tabla que nos muestre los diferentes precios a los que nuestro zapatero estaría dispuesto a producir cantidades mayores de pares de zapatos y las cantidades que corresponderían a esos precios:

Tabla 2. La Oferta	
Cantidad (**Q**)	Precio (**P**)
0	0
1	1
2	2
3	3
4	4
5	5
6	6
7	7
8	8
9	9
10	10

Con los datos anteriores construyamos una gráfica en nuestros conocidos ejes cartesianos, para ser más precisos, el cuadrante + +:

Gráfica 1. La Oferta

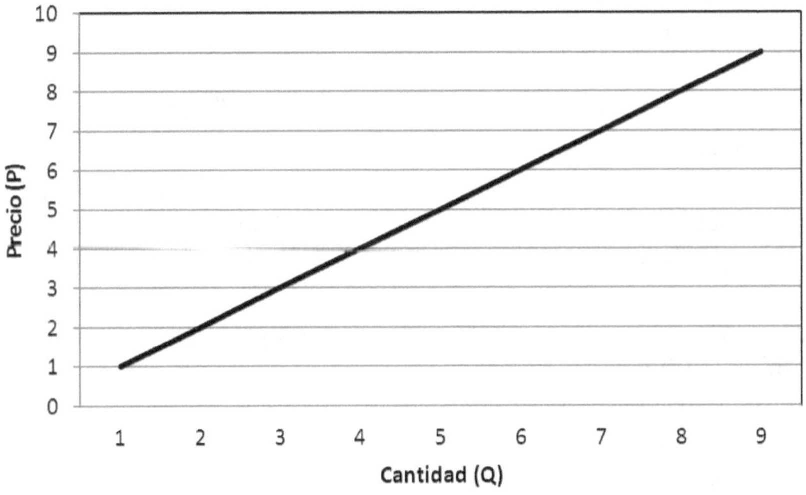

En nuestra gráfica hemos construido la que se conoce como curva de la oferta y que nos muestra las cantidades del bien producido (pares de zapatos, en nuestro ejemplo) que el productor u oferente está en posibilidad de vender a cada precio, dados sus costos.

Recordemos que cada unidad adicional producida tiene un costo mayor y por esa razón el fabricante está dispuesto a vender más siempre que el precio sea mayor.

Por la anterior razón la curva tiene pendiente positiva, esto es, creciente. A mayor precio, mayor cantidad ofrecida o, lo que es lo mismo, nuestras dos variables se mueven en igual sentido.

La curva de la oferta se vuelve así la curva de los costos marginales o adicionales y, por lo tanto, el beneficio o utilidad contables se calcularía como el área por debajo de la línea del precio y por encima de la curva de la oferta. Dado que tenemos un ángulo recto conformado por el precio y el eje de las ordenadas, multiplicamos base por altura y dividimos entre dos.

En nuestro análisis estamos trabajando únicamente con las variables, precio y cantidad, y, por lo tanto estamos suponiendo que todo lo demás permanece constante.

En la Segunda Parte de este libro conoceremos con mayor detalle aspectos de la oferta muy interesantes.

5.3 La demanda

Llamamos **demanda** a la suma de voluntades de compra por parte de las personas que necesitan un bien y tienen dinero para comprarlo en el mercado.

Pensemos en nuestros propios deseos y posibilidades de compra para entender mejor como opera la demanda. Imaginemos que tenemos mucha hambre, es de noche y durante todo el día no hemos podido probar bocado por tantos exámenes que tuvimos que preparar, acudimos a una taquería a comer. Traemos en el bolsillo sólo $9.00 pesos por lo que si el precio por taco es de $9.00 sólo nos alcanzará para un taco; si traemos $16.00 y cuestan $8.00 podremos comprar dos; si tenemos en el bolsillo $21.00 y cuestan $7.00, estaremos en posibilidad de comernos 3; y así sucesivamente hasta nueve tacos que es nuestro límite.

Con esas combinaciones de cantidades en el bolsillo y tacos por comer, construyamos la siguiente tabla.

Tabla 3. La demanda	
Cantidad (**Q**)	Precio (**P**)
0	10
1	9
2	8
3	7
4	6
5	5
6	4
7	3
8	2
9	1
10	0

Igual que hicimos con la oferta, construyamos con nuestra tabla una representación gráfica de nuestras dos variables, cantidad y precio:

Grafica 2: la demanda

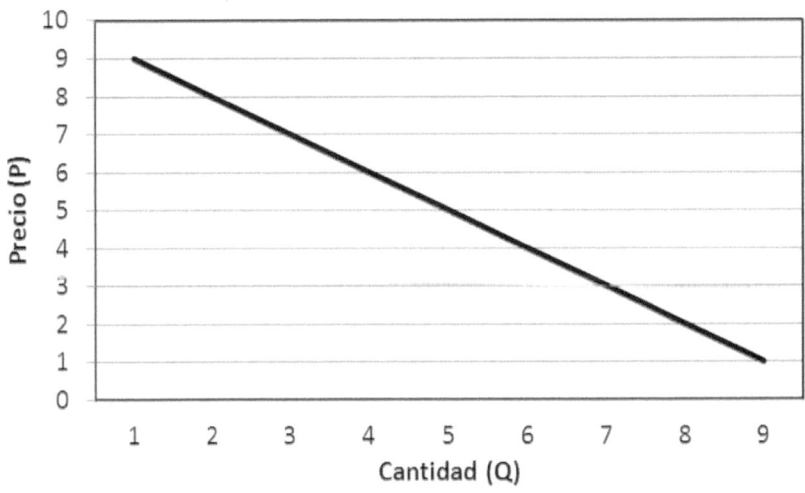

A diferencia de la curva de la oferta, la de la demanda tiene pendiente negativa. Esto es, si el precio aumenta, nuestra posibilidad de consumir se reduce. Por el contrario, si los precios bajan, estamos en posibilidad de consumir una cantidad mayor del bien. Este comportamiento es sumamente importante para establecer el punto de equilibrio del mercado y que veremos más adelante.

Otra forma de derivar la curva de la demanda se da si consideramos a diferentes consumidores de un mismo bien, cada uno de ellos con una diferente "disposición a pagar"[5]. Veamos un ejemplo:

Tabla 4: la Disposición a comprar un DVD de una película de estreno de varios individuos		
Comprador	Precio	Cantidad
Juan	$300	1
Raquel	$200	1
Pedro	$100	1
Ana	$50	1

Como observamos, Juan está dispuesto a pagar $300 pesos por un DVD, Raquel $200, Pedro $100 y Ana solamente $50. Los libros de Economía más populares nos dicen que esa *disposición a pagar* muestra cuánto aprecian los posibles consumidores el bien en cuestión. Así, Juan es el que más apreciaría el DVD y Ana la que menos. ¿Y la capacidad de compra? ¿Y el dinero de que dispone cada uno de ellos no interviene en sus decisiones? ¿No será Juan una persona con grandes ingresos y Ana una de escasos ingresos? ¿No habrá otras personas que necesitan ese bien pero no tienen ingreso para poderlo comprar al precio de $50 pesos de nuestro ejemplo?

De la tabla anterior podemos derivar la curva de la demanda de esos cuatro consumidores del bien en cuestión.

---

[5] En los libros de economía más conocidos se traduce así la frase inglesa *"willingness to pay"*.

Gráfica 3: demanda de DVD

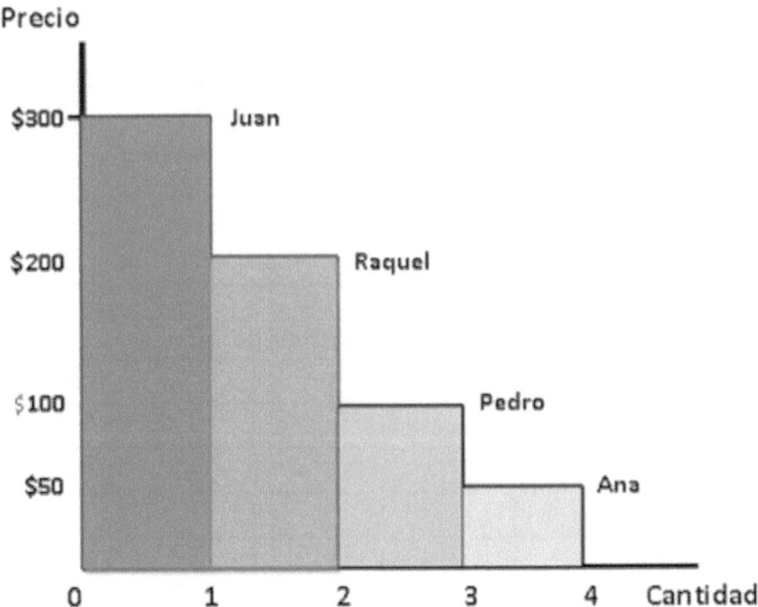

La curva de la demanda es escalonada debido a que solamente estamos considerando cuatro consumidores. Si tuviéramos en su lugar miles de consumidores los escalones se convertirían en una pendiente suave.

De la gráfica anterior podemos obtener conclusiones interesantes. Si el precio fuera de $210 pesos, el único comprador sería Juan. Si el precio descendiera a $110 ya tendríamos dos compradores en posibilidad de actuar como demanda efectiva, Juan y Raquel; y si el precio fuera $50 pesos todos se podrían convertir en compradores.

Es importante notar que del pecio que se establezca en el mercado, los que más se benefician son los compradores de altos ingresos que estarían dispuestos a pagar un precio mayor y se lo ahorran. Así, si el precio fuera de $50, Juan se ahorra $250 pesos, Raquel $150 y Pedro $50. Ana paga lo que está dispuesta a pagar, o mejor, lo que está dispuesta y puede pagar. A estas cantidades las llama la economía marginalista **Excedente del Consumidor**.

¿CÓMO NACE EL PRECIO?

Estamos ya en posibilidad de contestar a esta pregunta. Vimos que la tabla de la oferta nos muestra los precios y las cantidades de tacos que un taquero estaría dispuesto a producir y vender. Vimos también que en la tabla de la demanda presentamos los precios y las cantidades de tacos que los consumidores están dispuestos a pagar y a comer. Juntemos ambas tablas.

Tabla 5: Oferta y Demanda de Tacos		
Precio (**P**)	Oferta (**Q**)	Demanda (**Q**)
0	0	10
1	1	9
2	2	8
3	3	7
4	4	6
5	5	5
6	6	4
7	7	3
8	8	2
9	9	1

A partir de esta tabla, construyamos su representación gráfica. Observemos que por estar referidas tanto la oferta, como la demanda, a cantidades y precios, podemos representar ambas a la vez en la misma gráfica.

Comparen su dibujo con el que a continuación les mostramos.

Gráfica 4. La Oferta y la Demanda

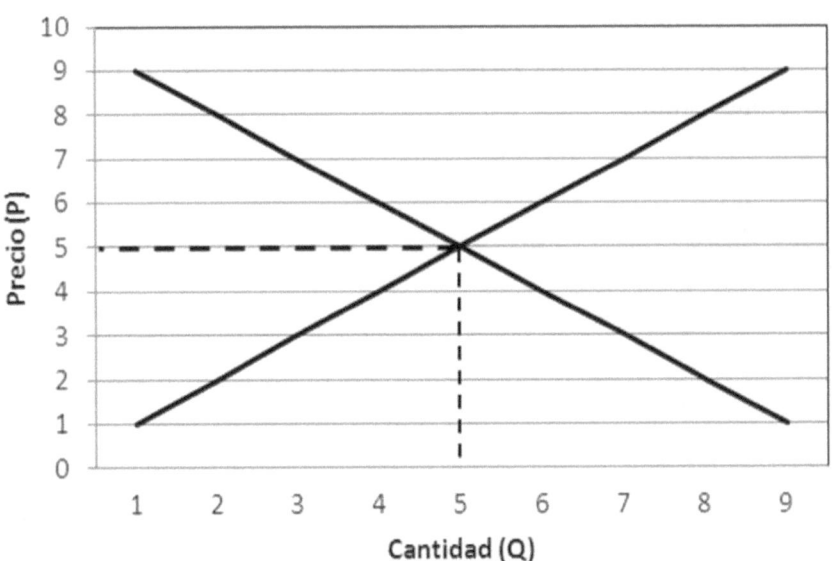

Observamos a ambas curvas representadas juntas y analicemos sus características:

- La curva de la oferta tiene pendiente positiva.

- La curva de la demanda tiene pendiente negativa.

- De toda la superficie del cuadrante cartesiano, sólo en un punto se encuentran al cruzarse nuestras variables (el punto que corresponde a $5.00 pesos de precio y a 5 unidades de cantidad).

Es precisamente en ese punto en el que los demandantes y los oferentes están de acuerdo en la cantidad vendida y ofrecida, punto en el que se determina el precio.

Lo conocemos como **punto de equilibrio** y al precio lo llamamos:

Precio en el equilibrio de la demanda y la oferta.

Indica que todas las ofertas y todas las demandas se satisfacen a ese precio, por lo que los libros de pedidos están vacíos y los almacenes de los productores también.

SEGUNDA PARTE

Pensamiento Económico

Diagrama 4. Pensamiento Económico. Mapa Conceptual

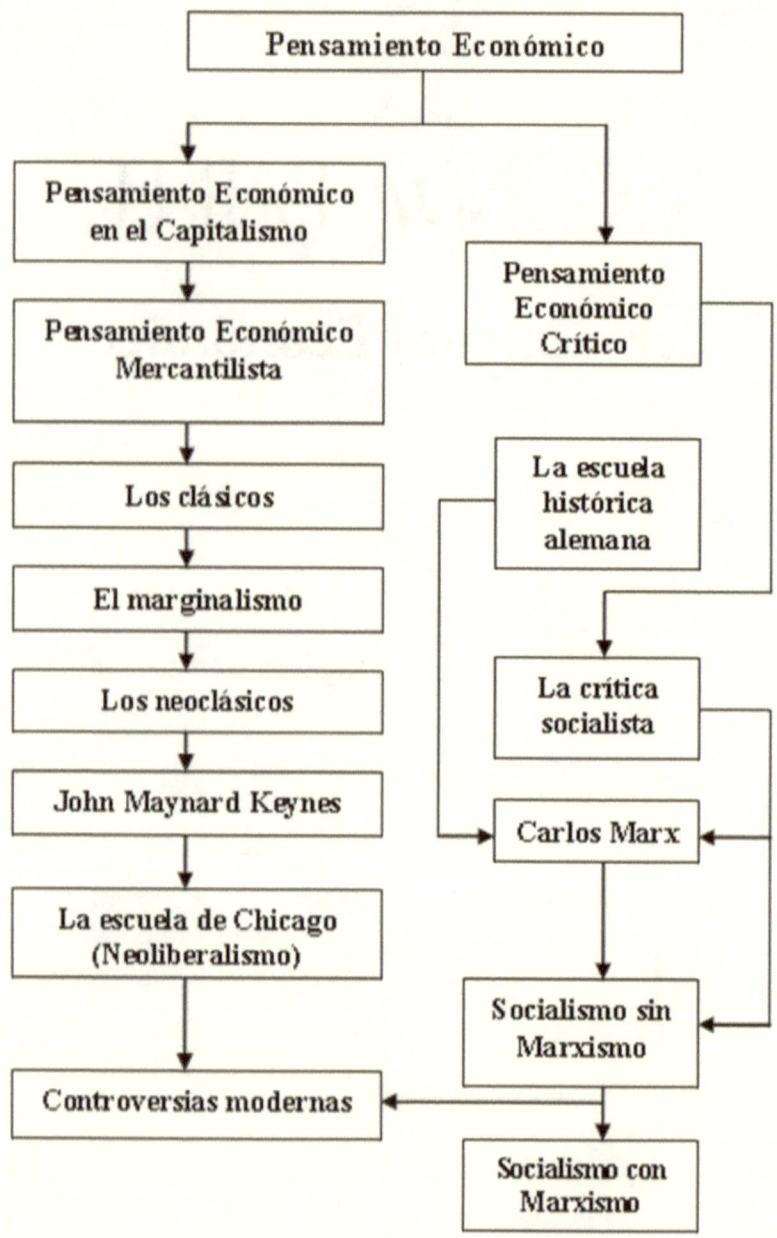

CAPÍTULO 6

Las Teorías Económicas

"Los hombres prácticos, que se creen exentos por completo de cualquier influencia intelectual, son generalmente esclavos de algún economista difunto".

John Maynard Keynes
Teoría general de la ocupación el interés y el dinero (1935)

Preámbulo

Desde la más remota antigüedad el ser humano ha buscado explicar la naturaleza del mundo y de las leyes económicas que repetidamente establecen los patrones de comportamiento de su actividad productiva.

Las técnicas de caza que mejor se adecuaran a las migraciones estaciónales de los animales que perseguía. La razón de la germinación de las plantas y la posibilidad de domesticarlas aprovechando ese descubrimiento para facilitar su obtención de alimentos y mejorar, por lo tanto, su calidad de vida. La domesticación de los animales que igualmente le permitirían obtener un abastecimiento más seguro de carne. Todo lo anterior fue conduciendo, como lo señaló Adam Smith, a la sociedad humana a la especialización y a la división del trabajo, a la producción de excedentes más allá de sus necesidades, al intercambio de ellos, a la elevación de la productividad de la sociedad humana, no del individuo, de nada le serviría producir excedentes más allá de sus propias necesidades si el resto de la colectividad no lo hiciera también.

Pero en esta actividad se enfrento a leyes que lo limitaban para lograr todo lo que él quería. Se dio cuenta de que era necesario definir y estudiar esas leyes para poder aprovecharse de ellas y conocer hasta dónde era posible ir. Observó que la evolución tecnológica le permitía elevar su productividad pero que inexorablemente al pasar a otro parámetro de productividad, las leyes de la economía, como la de los rendimientos decrecientes que veremos más adelante, lo volvían a limitar.

La historia económica del ser humano en sociedad, la única forma en que puede vivir, es la historia del descubrimiento de esas leyes económicas, de la forma en que podía la sociedad valerse de ellas para lograr su propósito de alcanzar una vida con mayor abundancia.

Las antiguas civilizaciones escribieron sobre la economía agrícola, sobre el comercio, dejaron por escrito o transmitieron oralmente sus conocimientos productivos. En el Antiguo Testamento y en el Código de Hammurabi encontramos verdaderos tratados sobre el dinero y el interés. Aristóteles emplea por primera vez la palabra *economía* para describir el arte de administrar el hogar, hogar que en aquella sociedad esclavista era, como escribí anteriormente, un verdadero centro de producción, almacenamiento y procesamiento de diversos productos destinados al autoconsumo y al intercambio.

A partir del Renacimiento, en la segunda mitad del siglo XV, con el advenimiento del capitalismo y la expansión de los imperios europeos colonizando América, África y Asia, apareció el Capitalismo Mercantilista. En los Siglos XVI, XVII y XVIII comenzó una extensa globalización basada en la explotación colonial y el comercio de bienes básicos y manufacturas. En Inglaterra, Francia y Holanda, sobre todo, una gran cantidad de pensadores investigan, estudian y escriben acerca de la economía. Se sentaban las bases para que llegara el gran pensador que sintetizara todo este conocimiento socialmente adquirido y escribiera un tratado general acerca de la economía.

Fue al escocés Adam Smith al que le cupo ese honor. Efectivamente en 1776, año también de la revolución de independencia de los Estados Unidos de América, publicó su genial obra –constantemente impresa desde entonces y hasta nuestros días- *"INVESTIGACIÓN SOBRE LA NATURALEZA Y CAUSAS DE LA RIQUEZA DE LAS NACIONES"*, popularmente conocida, en forma abreviada, como *"La Riqueza de las Naciones"*. En el tema siguiente trataremos sobre este autor y su obra.

6.1 La escuela clásica

"El trabajo anual de cada nación es el fondo que en principio la provee de todas las cosas necesarias y convenientes para la vida, y que anualmente

consume el país. Dicho fondo se integra siempre, o con el producto inmediato del trabajo, o con lo que mediante dicho producto se compra de otras naciones.

De acuerdo con ello, como ese producto o con lo que él se adquiere, guarda una proporción mayor o menor con el número de quienes lo consumen, la nación estará mejor o peor surtida de las cosas necesarias y convenientes apetecidas."

Adam Smith
Palabras iniciales de *"La Riqueza de las Naciones"*

"'Los economistas clásicos' fue una denominación inventada por Marx para referirse a Ricardo, James Mill y sus predecesores, es decir para los fundadores de la teoría que culminó en Ricardo."

John Maynard Keynes

Adam Smith (1723-1790), destacado filósofo y economista escocés, estudió en las universidades de Glasgow y Oxford, siendo posteriormente catedrático en la primera de ellas. En 1751, a los 28 años de edad, se trasladó a Francia como tutor del duque de Buccleuch, lo que le permitió entrar en contacto con los fisiócratas y sus ideas económica y las de los principales enciclopedistas, fuente ellos del pensamiento liberal y que Smith trasladaría al ámbito de la economía convirtiéndose en el precursor del liberalismo económico en Inglaterra.

El capitalismo mercantilista había dominado la escena durante los siglos XVI, XVII y la mayor parte del XVIII. Durante estos años se habían generado estructuras de monopolio comercial con las colonias de los imperios europeos –de las cuales México formó parte hasta 1821- y de monopolios de la producción manufacturera por parte de las estructuras gremiales. La agricultura, por su parte se encontraba en manos de la clase noble de las monarquías europeas. A la par que Europa presentaba este escenario, las fuerzas productivas se estaban desarrollando con una gran velocidad y nos encontrábamos en los inicios de la Revolución Industrial. La burguesía industrial iba a enfrentarse con la monarquía y su aliada, la burguesía mercantilista, para romper todas aquellas estructuras que impedían la competencia comercial e industrial, así como el pleno funcionamiento del mercado de trabajo.

Adam Smith ataca, a través de la *Riqueza de las Naciones*, los principios y prácticas del mercantilismo, principalmente se opone a los monopolios comerciales de la época, a los privilegios y regulaciones gremiales, al excesivo intervencionismo de la monarquía en todos y cada uno de los aspectos de la vida económica. Lejos, está, sin embargo, Adam Smith de ser un panegirista de la industrialización y de su clase dominante. A lo largo de su obra dirige mordaces críticas contra los fabricantes y comerciantes y expresa sus simpatías por la clase trabajadora y, sobre todo, sobre la agricultura.

¿Qué importancia tiene el análisis del periodo mercantilista y de sus características en la historia económica? Veamos el caso de México.

México en la época mercantilista

Durante los tres siglos que duró nuestro país bajo el coloniaje español, vivimos en carne propia todos los vicios y los obstáculos al desarrollo económico que el mercantilismo significó para los vastos dominios de los imperios europeos. Al igual que en Inglaterra, donde el comercio con las colonias estaba monopolizado por las Compañías de las Indias Orientales y Occidentales, el comercio exterior de nuestro país, y el de todas las naciones hermanas de Hispanoamérica, era monopolizado por la Casa de Contratación (por más de dos siglos con sede en Sevilla) a la par que se impedía todo tipo de intercambio entre las colonias españolas. De esta manera, gran cantidad de productos que necesitábamos para nuestro consumo y que teníamos terminantemente prohibido producir en nuestros territorios, nos veíamos forzados a comprarlos a la Metrópoli y de esta manera veíamos salir de nuestro territorio la vasta producción de oro y plata, especie indispensable para mantener funcionando al sistema mercantilista europeo.

No es de extrañar, por lo tanto, que las ideas del liberalismo económico de Adam Smith tuvieran una gran influencia en todo el continente americano en la época de las revoluciones de independencia, desde finales del siglo XVIII y la primera mitad del Siglo XIX.

La gran preocupación filosófica de Smith fue conciliar el interés y el bien individual con el interés y el bien común. En su teoría concibe un ser humano que buscando su propio bienestar logra, sin proponérselo, el de los demás, el egoísmo individualista coincidiendo con el interés general de la sociedad. El resultado fue la famosa metáfora de Smith de la "mano invisible". Curiosamente y a pesar de la fama que el pensamiento económico capitalista ha dado a esta idea, Adam Smith la menciona sólo en dos ocasiones en su obra: una en su libro *Los Sentimientos Morales* y otra en *La Riqueza de las Naciones*.

"No es la benevolencia del carnicero, del cervecero o del panadero la que nos procura el alimento, sino la consideración de su propio interés. Ni invocamos sus sentimientos humanitarios sino su egoísmo; ni les hablamos de nuestras necesidades, sino de sus ventajas."

Adam Smith
La Riqueza de las Naciones

La creación de riqueza

A diferencia de los mercantilistas, Adam Smith tiene bien claro algo que en nuestra época está empezando a olvidarse nuevamente, la riqueza es el resultado de la actividad productiva dedicada a generar bienes y servicios, y es en la forma de **mercancía** en que queda plasmada. Mientras que durante los siglos XVI, XVII y parte del XVIII se pensó que la riqueza consistía en la acumulación de oro y plata, para los economistas clásicos ella sólo podía darse en el proceso productivo. La visión de nuestro autor estaba, sin embargo limitada a la producción de "cosas útiles" y dejó de considerar aquellos servicios productivos que permiten el funcionamiento del aparato industrial y mercantil. Omitió que el trabajo puede quedar plasmado en un bien material o en un servicio. Es importante fabricar una bomba de agua pero también lo es el mantenerla funcionando.

Adam Smith distingue entre el valor de uso de una mercancía, la función para la cual la mercancía fue creada (lo que hoy en día llamamos *utilidad*), y su valor de cambio.

"Las cosas que tienen un gran valor en uso tienen comúnmente escaso o ningún valor en cambio, y por el contrario, las que tienen un gran valor en cambio no tienen, muchas veces, sino un pequeño valor en uso, o ninguno. No hay nada más útil que el agua, pero con ella apenas se puede comprar cosa alguna ni recibir nada en cambio. Por el contrario, el diamante apenas tiene valor en uso, pero generalmente se puede adquirir, a cambio de él, una gran cantidad de otros bienes."

Adam Smith
La Riqueza de las Naciones

La célebre paradoja del valor que posteriormente ha sido utilizada fuera de contexto por los marginalistas para justificar su teoría del valor.

Es importante señalar que Smith jamás la planteó como una paradoja sin solución. Al leer en su obra maestra los capítulos que siguen a la cita anterior, nuestro autor se dedica a explicar que la razón por la que el agua es más barata que los diamantes radica en que la cantidad de trabajo necesaria para llevarla al mercado es mucho menor que la requerida para los diamantes.

Smith da una gran importancia a la división del trabajo. Es gracias a ella que para él la sociedad humana puede elevar su productividad general y reducir la escasez relativa de satisfactores. Con la gran visión que lo acompaña, se percata de que esa división del trabajo está limitada por el tamaño del mercado. En este punto es importante recordar que fue el primero en hablar de demanda efectiva como un elemento fundamental en la determinación de dicho tamaño.

Y así es, ciertamente la demanda efectiva está determinada por la cantidad de dinero de que dispone el consumidor para poder adquirir bienes en el mercado, lo que siglo y medio después Paul Samuelson llamaría *votos monetarios*.

Adam Smith definió como nadie las características del monopolio —en el capítulo respectivo leeremos acerca de esto- y al hacerlo nos da a conocer que para él había dos tipos de precio, el natural que incorporaba el valor trabajo, y otro *"mucho más alto"* que el precio natural y que eleva las ganancias del empresario por encima de la ganancia natural. Lo que señala Smith es que en el mercado, dependiendo de las características de la competencia entre productores, se presentan diferencias entre precio y valor.

Tomás Roberto Malthus (1766-1834) famoso sobre todo por su análisis económico de la población. Su obra *Ensayo sobre el principio de la población* (1798) ha sido desde su publicación una obra sometida a grandes discusiones. En ella Malthus, quien era Pastor Anglicano, explica su teoría, producto de sus observaciones, según la cual mientras la producción de alimentos crecía lentamente, él uso como ejemplo la forma aritmética: 1, 2, 3, 4, 5, 6, etc.; la población lo hacía aceleradamente, Malthus puso como ejemplo la forma exponencial: 1, 2, 4, 8, 16, 32, etc., por lo que el futuro era realmente negro a menos que se controlara la explosión demográfica que se extendía por Inglaterra en aquellos años de las Guerras Napoleónicas. A lo anterior, Malthus añadió el hecho innegable de la existencia de la *Ley de los rendimientos decrecientes*.

Veamos con cierto detenimiento esta ley ya que resulta vital para entender el carácter pesimista de la economía clásica acerca de las posibilidades del crecimiento económico.

Tomemos una parcela de tierra con una superficie determinada, digamos una hectárea, y veamos que sucede cuando la ponemos a producir maíz. Observemos que sucede conforme añadimos trabajadores:

Tabla 6: Productividad marginal del trabajo	
Unidades de trabajo	**Producción Total**
0	0
1	2,000
2	3,000
3	3,500
4	3,800
5	3,900

Veamos la representación gráfica de la tabla anterior:

Gráfica 5. Función de Producción

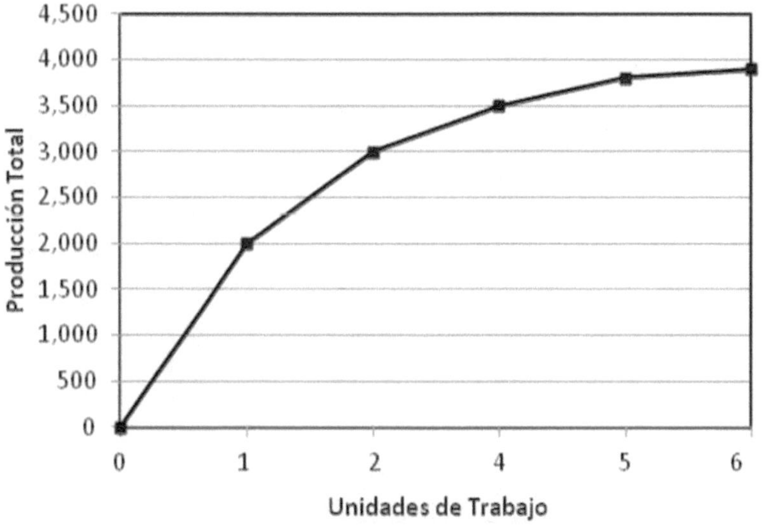

Lo que observamos en la gráfica es lo siguiente: si a una unidad de un factor fijo (en este caso la tierra) añadimos cantidades sucesivas de un factor variable (en este caso el trabajo, aunque podría ser además el riego, el fertilizante, la maquinaria, etc.) obtendremos una producción que crecerá primero más que proporcionalmente, para después ir aumentando a un ritmo menor hasta no crecer más, o en algunos caso, hasta que la producción total empiece a declinar. Ésta, que es una de las primeras leyes observadas por la ciencia económica, fue fundamental para que los pensadores clásicos vieran el futuro de la humanidad en forma pesimista. Hoy en día sabemos que si bien esa ley es real, ve postergada su acción gracias al desarrollo tecnológico que ha permitido incrementos sucesivos en la producción. Debe quedarnos claro que no por eso la mencionada ley haya dejado de operar, simplemente los parámetros productivos se han movido y han hecho que la ley de los rendimientos decrecientes se desplace hacia arriba en la gráfica.

David Ricardo (1772-1823) Sin duda el más influyente de los economistas clásicos. Compartió con Malthus –de quien fue gran amigo toda la vida- el pesimismo respecto a la posibilidad de que Inglaterra siguiera creciendo indefinidamente. Observaba que la única manera de seguir disponiendo de alimentos baratos que permitieran mantener los salarios bajos y por lo tanto la competitividad comercial de la Gran Bretaña, era a través de la libre importación de granos. En este punto Malthus y él nunca estuvieron de acuerdo y son celebres sus discusiones al respecto.

En 1817 escribe sus *Principios de economía política y tributación*, pero ya para entonces había logrado una gran reputación como escritor de temas económicos.

Para Ricardo el problema fundamental de la economía política consistía en determinar las leyes que rigen la distribución del producto entre la renta de la tierra, los salarios y el beneficio de los capitalistas. Observó que había una clara relación entre salarios altos y beneficios bajos. Fue el primero en darse cuenta que la mecanización eleva la producción y el consumo, pero este último no en forma proporcional para las clases sociales que intervienen con su fuerza de trabajo en la producción, por lo que la clase obrera ve mermada su posición de consumo mientras que los terratenientes y los capitalistas industriales ven crecer la suya. Esto es, el consumo global crece pero en forma desigual generando desempleo y pobreza.

El origen de la opinión anterior la tenemos en el concepto desarrollado por Malthus y Ricardo del *fondo de salarios*. De acuerdo con el mismo, en el producto anual de las empresas está incorporada la producción de bienes de consumo, principalmente alimentos, que constituyen la parte física producida correspondiente al consumo de los asalariados. Si proporcionalmente la parte que representa la producción de bienes de capital crece, lo hará a costa de la parte que corresponde al *fondo de salarios*. Esto implica una nueva distribución de la renta nacional que obviamente sólo afecta negativamente a la fuerza de trabajo.

El origen de la renta que reciben los terratenientes por la explotación de sus tierras fue explicada con precisión por Ricardo. La explicación resulto sumamente sencilla y lógica y podemos extenderla también a las empresas en general. Según esto, las tierras se dividen en una gama amplia de productividades, desde las más productivas hasta las menos. Los precios del mercado apenas y alcanzan para cubrir los gastos de producción de las tierras de menor productividad pero permiten un excedente por arriba de sus costos a las más productivas. Más adelante Marx extendería estos resultados a la actividad económica general al plantear su célebre teoría de la plusvalía.

Ricardo observó, al igual que Adam Smith, que el pecio de mercado podía ser superior a su valor natural e hizo una observación sumamente importante y es la de que si bien esa diferencia se presenta en el corto plazo, permitiendo una ganancia por encima de la que Smith llama natural, en el largo plazo ambos tendían a coincidir.

6.2 Carlos Marx

"Como los individuos producen en sociedad, la producción de los individuos, socialmente determinada, es, naturalmente, el punto de partida. El cazador o pescador individual y aislado, por el cual comienzan Smith y Ricardo, pertenece a las triviales imaginaciones del siglo XVIII. Son robinsonadas..."

Carlos Marx
Prólogo a la
"Contribución a la Crítica de la Economía Política"

Carlos Marx (1818-1883) pensador y político alemán fue el heredero de la escuela alemana que estudiaba la evolución histórica de las formas de producción de la sociedad humana y al capitalismo como un eslabón en ese desarrollo, eslabón que tendría que ceder su lugar a formas superiores de organización social y productiva. Por otra parte fue el creador del llamado socialismo científico que con ese nombre buscaba diferenciarse del socialismo utópica.

Estudiando en la Universidad de Berlín recibió la influencia del pensamiento del filósofo alemán Hegel, conoció la doctrina griega de la *dialéctica* que postula que nada permanece estático, todo está en permanente cambio. Así mismo estudió a los filósofos del *materialismo*, entre los que destacaba el alemán Ludwig Feuerbach.

Mediante un proceso de síntesis entre ambas doctrinas, Marx, conjuntamente con su amigo **Federico Engels** (1820-1895), creo dos herramientas de análisis: el materialismo dialéctico y el materialismo histórico. A través de este último fundamentó su idea de que el capitalismo era simplemente una etapa en el desarrollo de la humanidad, etapa que tendría su fin y que daría lugar a otras más avanzadas. Producto de este trabajo fue su famoso *Manifiesto comunista* (1848).

Exiliado en Inglaterra, entró en contacto con el pensamiento de los economistas clásicos y dándose cuenta de que para sus propósitos políticos era indispensable el dominio de la naciente ciencia económica, dedicó a ella la mayor parte de su atención. Vio así la luz su famosa obra *El Capital* cuyo primer volumen apareció publicado en el año de 1867.

Para Marx la sociedad se encuentra cimentada en una estructura económica sobre la cual se apoyan las que él llama superestructuras: la política, la cultura, la religión, etc.

Esa estructura nos muestra las relaciones sociales de producción que prevalecen en un momento dado y que son determinadas por el desarrollo de las fuerzas productivas, desarrollo que depende del avance de la ciencia y la tecnología, así como de los niveles de capacitación por parte de la población para manejar dichos avances. Las contradicciones que generan problemas políticos y sociales se presentan cuando el desarrollo de las fuerzas productivas es tal que las superestructuras tradicionales ya no corresponden a la estructura productiva actual de una sociedad. Aquella fue la razón por la que el esclavismo y la servidumbre medieval desaparecieron, lo mismo que sucedió posteriormente con la organización social mercantilista.

Marx aceptó y desarrolló hasta sus últimas consecuencias la teoría del valor trabajo. En este proceso planteó la teoría de la **plusvalía.**

Smith y Ricardo no habían podido explicar de dónde provenía el nuevo valor que se encontraba entre el costo de producción y el precio de venta, esto es, el beneficio o utilidad contable. Su razonamiento fue, en forma muy esquemática, el siguiente.

Las mercancías en el proceso productivo original circulaban mediante el dinero de la siguiente manera:

$$M - D - M$$

Donde: **M** = Mercancía y **D** = Dinero

El proceso de intercambio original, como vemos en la fórmula, se inicia en una mercancía y termina en otra mercancía y esto supone que las mercancías se intercambian por igual valor de cambio: la M inicial tiene el mismo valor que la final. Sin embargo, en el sistema productivo capitalista la circulación queda planteada así:

$$D - M - D'$$

Donde D' es una D mayor que la D original. ¿Qué ha sucedido? El proceso productivo tiene por objeto, no lograr un mayor acopio de mercancías, esto es, de satisfactores, sino generar un volumen mayor de ingresos monetarios. El proceso se vuelve un proceso de acumulación de capital.

¿Cómo se encuentra conformado ese nuevo D'? De la siguiente manera:

$$D' = D + d$$

D' es igual a la D original más una cantidad adicional de D a la cual designamos por d minúscula.

Volvamos a nuestra fórmula original,

$$M - D - M$$

Para Marx resulta obvio que si en el sistema de producción capitalista de mercancías la D' nueva es mayor que la D original, esto se debe a que el valor de cambio de la M inicial es menor que el de la M resultante. En el proceso productivo capitalista se ha creado nuevo valor de uso al cual corresponde mayor valor de cambio. A esta diferencia Marx la llama plusvalor o *plusvalía*.

Pero ¿cuál es su origen? Este se encuentra, según Marx en la cantidad de trabajo que se puede comprar para producir los nuevos valores de uso, cantidad de trabajo que debería quedar plasmada en un mayor costo del que realmente se paga.

Veamos el proceso: El capitalista, o dueño de los medios de producción, contrata cierta cantidad de horas de trabajo por un cierto valor, digamos 8 horas de jornada de trabajo diarias por $100 pesos. El obrero comienza a trabajar y en seis horas – es un ejemplo- ha generado nuevo valor de uso equivalente a un valor en el mercado de $100 pesos. Ya pagó su valor. Sin embargo, continua trabajando el total de horas contratadas –otras dos en nuestro ejemplo- durante las cuales continua generando nuevo valor de uso, y, por lo tanto, nuevo valor de cambio. Esas dos horas adicionales, y el valor de cambio de las mercancías producidas durante ellas, son propiedad, bajo el sistema legal actual, del capitalista dueño de los medios de producción.

¿Cuál es el resultado de todo este análisis? La explotación de la mano de obra, ya que al obrero no se le está pagando la totalidad del valor que él está generando.

En el trueque, la M inicial y la M final tienen el mismo valor de cambio pues los dos productores son los dueños de su fuerza de trabajo y de la resultante mercancía producida. En el sistema capitalista la mercancía fuerza de trabajo es pagada y con ese pago el asalariado compra mercancías, resultando por lo tanto que sigue operando en este caso la relación

$$M - D - M$$

Resulta curioso que la M final está conformada por las mercancías producidas en el sistema de producción que estamos estudiando y que, por lo tanto, los principales consumidores de ellas serán los propios asalariados, la gran mayoría de la población. Sin embargo, la acumulación de la riqueza en pocas manos disminuye la capacidad de compra de la mayoría asalariada y, por lo tanto, la capacidad productiva creciente no irá acompañada de una mayor capacidad de compra y esto generará los problemas en el funcionamiento del mercado que se verán plasmados en los recurrentes ciclos económicos del sistema.

Como a nadie le gusta ser el villano de la película, los economistas al servicio del capital buscaron otras explicaciones de la generación de ese excedente que no tuvieran su origen en el proceso productivo. En las páginas siguientes veremos la principal de ellas basada en el concepto económico de la utilidad o satisfacción (valor de uso) que para los consumidores tiene una nueva mercancía adquirida.

6.4 La escuela marginalista

"La reflexión e investigación repetidas me han conducido a una opinión un tanto insólita de que el valor depende completamente de la utilidad. Las opiniones prevalecientes afirman que el trabajo y no la utilidad es el origen del valor; y existen incluso algunos que aseguran que el trabajo es la causa del valor."

William Stanley Jevons
(1835-1882)
"La teoría de la economía política"

Durante la segunda mitad del siglo XIX un grupo de economistas entre los que destacaron William Stanley Jevons (1835-1882), en Inglaterra; Carl Menger (1840-1925), en Austria, y León Walras (1834-1910), en Suiza, desarrollaron en forma independiente entre sí una teoría del valor de cambio basada en el principio de la utilidad decreciente.

Es necesario que aclaremos este concepto expresado en la palabra utilidad tal como es usada en la economía y que es muy diferente al de la utilidad contable. En economía utilidad es sinónimo de la satisfacción que los consumidores tienen por el consumo de una mercancía determinada.

Traduciríamos, por lo tanto, el concepto fundamental de esta teoría –la **utilidad marginal**- como la **satisfacción adicional** provocada por el consumo de una unidad adicional de una mercancía mientras mantenemos constante la cantidad consumida de todos los demás bienes. Salta a la vista, en primer lugar, que nos estamos refiriendo a bienes divisibles en porciones, porciones de las cuales podemos consumir una, dos, tres o más hasta satisfacer la necesidad que tenemos de consumir ese bien, por ejemplo, los alimentos y las bebidas.

Asociado al concepto de utilidad marginal o satisfacción adicional encontramos la llamada *Ley de la Utilidad Marginal Decreciente* que establece que conforme se consumen unidades adicionales de un bien su utilidad marginal decrece.

Supongamos que podemos medir la utilidad que nos proporciona consumir un artículo, digamos, por ejemplo, vasos de agua. Si no consumimos agua no tendremos ninguna utilidad, si consumimos un vaso tendremos una gran satisfacción (digamos que la medimos del uno al doce con la calificación seis); el segundo vaso ya no será tan necesario como el primero y no nos proporcionará tanta utilidad, tan sólo lo calificaremos con cuatro; el tercero colmará nuestra necesidad de agua y el cuarto ya no generará ninguna satisfacción adicional. Pongamos lo anterior en una tabla, es importante tener presente que este es el paso previo para poder expresar el fenómeno en una gráfica.

Tabla 7. Utilidad total y marginal

1	2	3
Cantidad consumida	Utilidad Total	Utilidad Marginal
0	0	
		6
1	6	
		4
2	10	
		2
3	12	
		0
4	12	

Si llevamos las columnas 1 y 3 de la tabla anterior a una gráfica -colocando la cantidad consumida en el eje de las X y la utilidad en el de la Y- tendríamos:

Gráfica 6. Evolución de la Utilidad Marginal

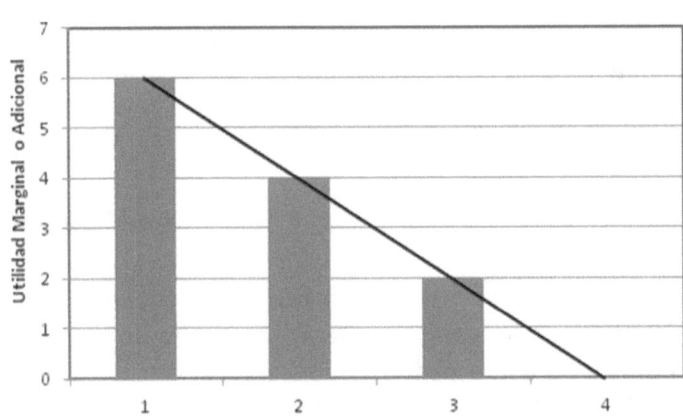

Lo que observamos es la curva de la demanda de agua y dado que cada uno de nosotros valoramos de diferente manera aquello que consumimos, nos encontramos ante una teoría del valor que conocemos con el nombre de *subjetiva*. La suma de todas las valoraciones personales y su división entre el número de consumidores nos dará una línea decreciente, como la mostrada en la gráfica, o, lo que es lo mismo, la representación gráfica de la curva de la demanda general de un bien determinado, siempre y cuando el bien en cuestión no tuviera precio.

Si incluimos en nuestro análisis el precio, la subjetividad empieza a dejar su lugar al ingreso de que disponemos –algo bastante objetivo- y que determina en realidad el consumo que podemos realizar. En una sociedad en la que el ingreso está desigualmente distribuido, algunos no podrán consumir nada, otros sólo poco y los pocos que tengan ingreso alto podrán saciar su necesidad llegando hasta la marginalidad, un lujo al que solamente algunos tendrán acceso.

La escuela marginalista supone que las preferencias subjetivas personales, tomando en cuenta las limitaciones que nuestro ingreso personal nos impone, se ven reflejadas en el precio a través de los volúmenes demandados a cada nivel de éste.

¿Qué precio pagaremos por el bien? Según la teoría estudiada, el que estemos dispuestos a pagar por la última unidad consumida, la marginal. Sin embargo, la disposición a pagar no está únicamente determinada por nuestra voluntad o deseo, antes que ello lo está por la posesión de dinero, algo muy poco subjetivo.

6.5 La escuela neoclásica

"Discutir acerca de si el valor está determinado por la utilidad o por el costo de producción sería lo mismo que discutir acerca de si es la hoja superior de un par de tijeras o la inferior la que corta un trozo de papel"

Alfred Marshall
(1842-1924)
"Principios de Economía (1890)"

La escuela neoclásica se desarrolla fundamentalmente entre los años 1880 y 1910, período correspondiente al Porfiriato en México. Las figuras consideradas como padres de esta escuela son los ingleses Francis Edgeworth (1845-1906) y Alfred Marshall (1842-1924).

Con esta escuela se conforman las leyes de la oferta y la demanda como son conocidas hoy en día. Debemos señalar, sin embargo, que Alfred Marshall fue mucho más allá al intentar una síntesis entre las teorías objetiva y subjetiva del valor aunque confundiendo costo de producción con valor.

Efectivamente, aunque Marshall señalaba la importancia de la teoría de la utilidad marginal para explicar el funcionamiento de la demanda, consideraba con David Ricardo que el costo de producción es, en el largo plazo, el determinante del precio.

En esta época se desarrolló la teoría de la oferta basada en el principio del costo marginal, fundamental para completar la teoría marginalista del mercado. Explicaremos con un ejemplo este punto.

Las empresas en el proceso productivo se enfrentan a costos, algunos de ellos tiene que pagarlos independientemente de que produzcan o no y son conocidos como costos fijos. Por otra parte hay costos en los cuales se incurre cuando estamos produciendo (los insumos de materias primas, sueldos de los obreros, energía para movimiento de la maquinaria, etc.). La suma de ambos nos da el costo total. Sin embargo, los costos no son constantes, dependen del volumen de producción y de la capacidad instalada. Por lo tanto el costo adicional de producir una unidad adicional de mercancías no es constante y tiende a incrementarse conforme aumenta la producción. Veamos un ejemplo.

Tabla 8. Costos

Cantidad Producida	Costo Fijo	Costo Fijo Medio	Costo Variable	Costo Variable Medio	Costo Total	Costo Marginal	Costo Medio (unitario)
0	50		0		50	40	
0.5						35	
1	50	50.0	35	0.7	85	30	85.00
1.5						25	
2	50	25.0	60	2.4	110	22.5	55.00
2.5						20	
3	50	16.7	80	4.8	130	15	43.33
3.5						10	
4	50	12.5	90	7.2	140	15	35.00
4.5						20	
5	50	10.0	110	11.0	160	25	32.00
5.5						30	
6	50	8.3	140	16.8	190	35	31.67
6.5						40	
7	50	7.1	180	25.2	230	45	32.86
7.5						50	
8	50	6.3	230	36.8	280	55	35.00

Al graficar el costo medio y el costo marginal, obtenemos una de las representaciones más importantes de la economía. Veámosla.

Gráfica 7. Costos Medio y Marginal

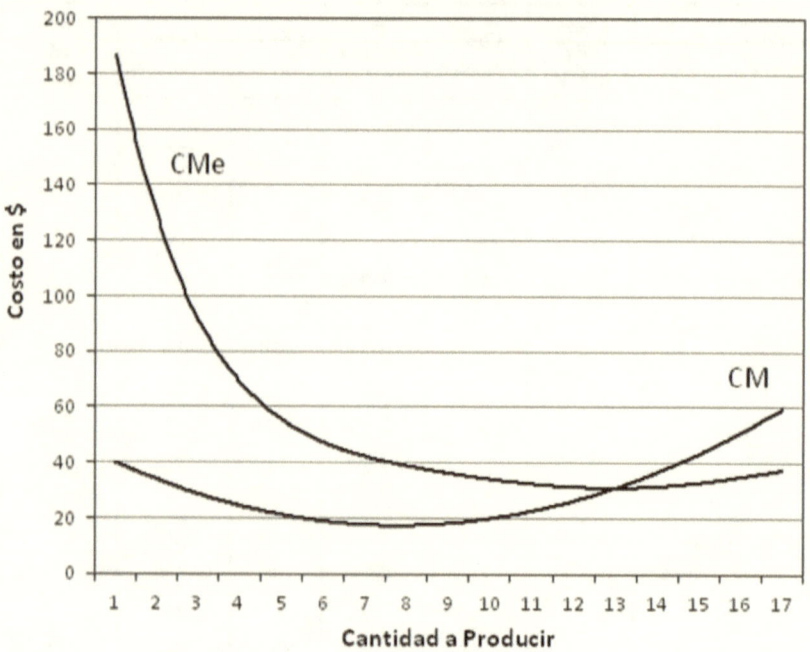

La línea gris representa al costo medio o unitario y la línea negra al costo marginal. En condiciones de competencia perfecta en el mercado la curva del costo marginal, a partir del punto en que comienza a elevarse, se convierte en la curva de la oferta ya que el productor producirá la cantidad de unidades cuyo precio cubra su costo marginal, esto es, el costo adicional de producir una unidad adicional. Su beneficio se encontrará en las unidades anteriores a la última vendida ya que en ellas el precio es superior al costo.

Es importante observar que la curva del costo marginal, por razones matemáticas, siempre cruza a la del costo medio o unitario por su parte más baja.

Otro punto importante tratado por los Neoclásicos fue el de la elasticidad de la curva de la demanda y por extensión también la de la oferta.

En muchas ocasiones se confunde la *pendiente* de la curva con el de *elasticidad* de la demanda. La diferencia fundamental la vemos con claridad cuando ejemplificamos con una línea recta.

Gráfica 8. Elasticidad a lo largo de la Demanda

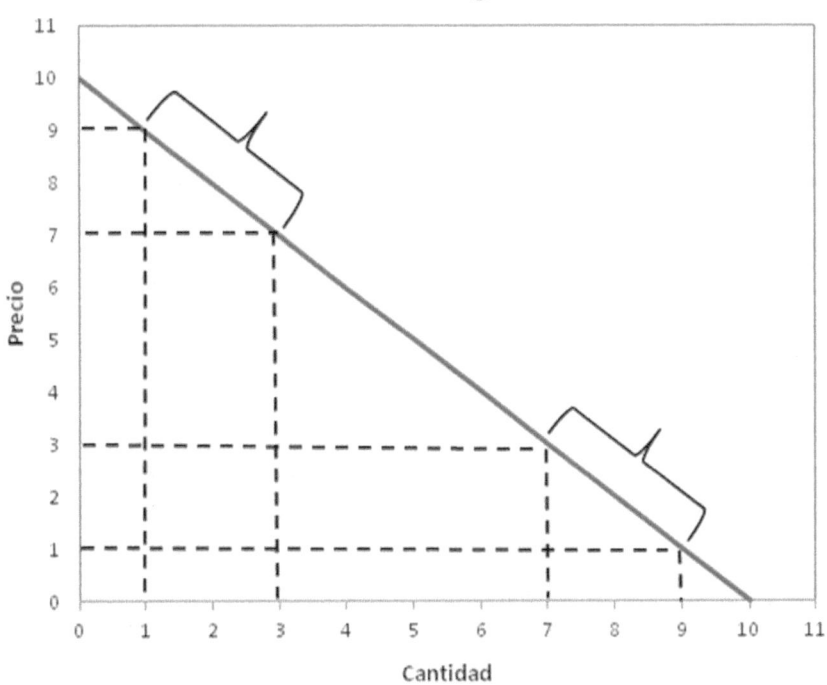

La pendiente de una línea recta se encuentra dividiendo la base entre la altura, esto es, $1/1=1$. Sin embargo, la elasticidad varía dependiendo de donde la midamos. Su fórmula nos lo explica:

$$E_D = \frac{\Delta Q}{(Q1+Q2)/2} \div \frac{\Delta P}{(P1+P2)/2}$$

La fórmula se lee así: la elasticidad de la demanda es igual al incremento porcentual de la cantidad demandada dividido entre el incremento porcentual del precio. Y en términos sencillos la elasticidad es igual a la sensibilidad de la cantidad demandada a las variaciones en los precios: si el precio baja ¿cuánto más compraremos como porcentaje? si el precio sube ¿cuánto dejaremos de comprar como porcentaje de cambio?

Observemos que el sistema utilizado para el cálculo es el que llamamos del punto medio, lo cual queda expresado en que los denominadores en la ecuación resultan de sumar el valor inicial al valor final y dividir el resultado de la suma entre dos.

La elección del consumidor

Aunque los primeros marginalistas pensaban que la utilidad era un concepto que podía ser medido cardinalmente (utilidad cardinal), esto es, asignándole una medida que se desarrolla en una escala constante, la experiencia le dio la razón a la escuela objetiva del valor que señalaba esta imposibilidad. Por lo anterior, los economistas, Francis Ysidro Edgeworth (1845 - 1926) de Inglaterra, y el italiano, Vilfredo Pareto (París, 1848 - Ginebra, 1923), utilizaron el enfoque de la utilidad ordinal que es menos rígido y se limita a ordenar de mayor a menor, sin una escala determinada, las preferencias subjetivas y, por lo tanto, diferentes en cada individuo.

Pareto incorpora en su análisis el tema del ingreso personal y, por lo tanto, la imposibilidad del individuo de consumir por encima de sus ingresos y, añadiríamos hoy en día, por encima de su límite de crédito. A esto lo llama *restricción presupuestaria*.

Dado que el consumidor consume no productos aislados, sino canastas de consumo integradas por diferentes bienes, esta teoría parte de un supuesto simplificador que limita a dos bienes o conjuntos de bienes las alternativas de combinación de consumo.

Veamos un ejemplo, supongamos que la canasta de consumo de una persona está integrada por carne y vegetales y que se encuentra limitado por un ingreso de $200 pesos diarios. Supongamos en nuestro ejemplo que el kilogramo de carne cuesta $100 pesos y el de vegetales $200 pesos. Con estos datos podemos construir la siguiente tabla.

Tabla 9: Restricción presupuestaria			
Producto	Precio por Kilogramo	Presupuesto del consumidor	Consumo Posible
Carne	$200	$100	0.500 Kgm
Vegetales	$100	$100	1.000 Kgm

Observamos que el sujeto estudiado solamente puede comprar medio kilo de carne y un kilo de vegetales, su restricción presupuestaria que podemos presentar en la siguiente gráfica.

Gráfica 9: Restricción Presupuestaria

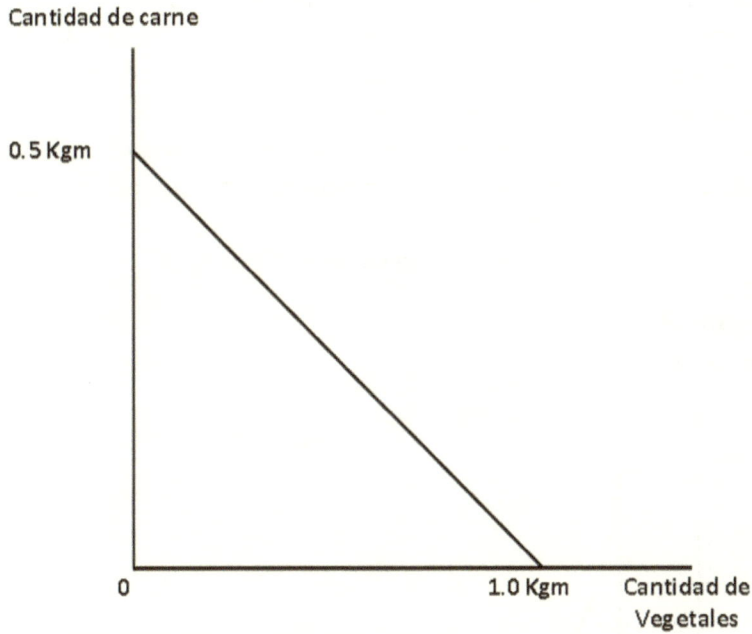

La pendiente constante nos muestra que la relación de intercambio de carne por vegetales es siempre, en nuestro ejemplo, un kilo de carne por dos kilos de vegetales.

Otro de los supuestos de esta teoría es la de que el individuo puede combinar el consumo de los dos grupos de bienes en distintas proporciones, cada una de las cuales le deja igualmente satisfecho, por ejemplo, medio kilo de carne y un kilo de vegetales. Lo anterior implica que le es indiferente cualquier canasta compuesta por dichas combinaciones de consumo. A la representación gráfica de estas combinaciones las llamamos *Curvas de Indiferencia* lo que expresa que le es indiferente consumir cualquier combinación en ellas considerada.

Gráfica 10: Curva de Indiferencia

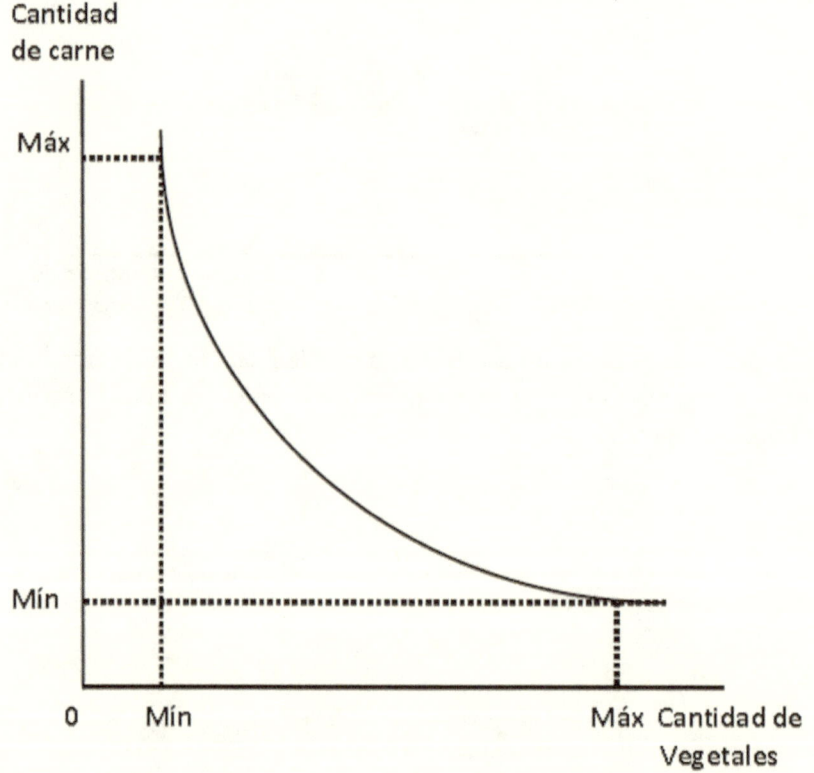

¿Por qué tienen pendiente negativa? Debido a que al disminuir la cantidad de uno de los bienes hay que aumentar la cantidad del otro y mantener así igual nivel de satisfacción.

¿Por qué la pendiente va cambiando a lo largo de la curva? Debido a que estamos representando una canasta en la que siempre se consumen dos bienes, no solamente uno de ellos. Conforme reducimos el consumo de un bien, este va teniendo para nosotros un mayor valor que el bien más abundante y tarde o temprano la curva se hace asintótica al mismo y en ese punto hemos llegado al consumo mínimo del bien representado en el otro eje.

Veamos ahora la gráfica que combina la restricción presupuestaria y la curva de indiferencia.

Gráfica 11: Maximización de la satisfacción.

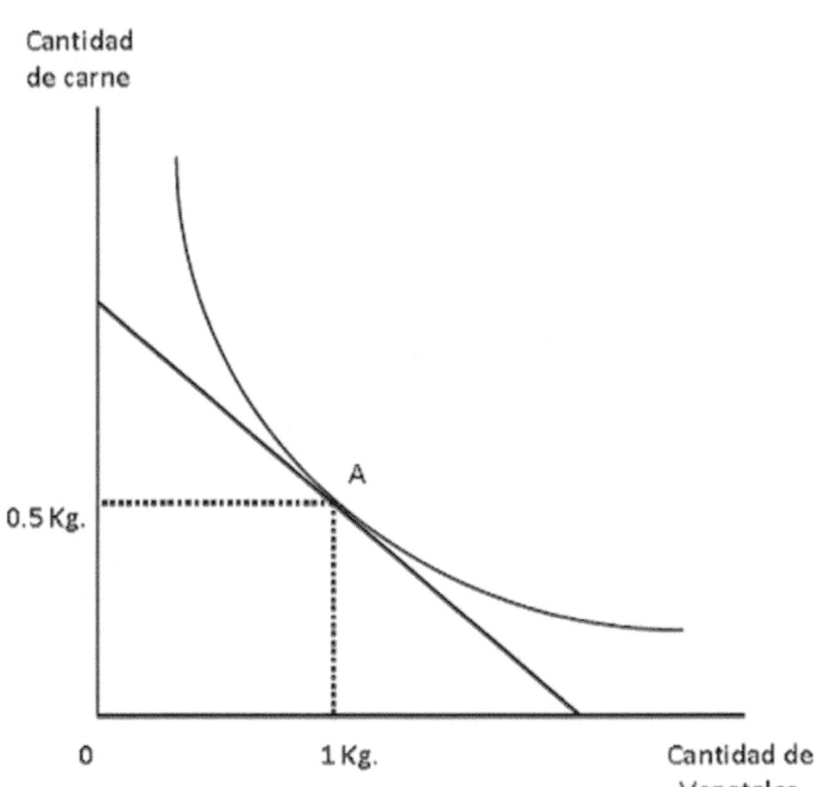

El punto A, en donde ambas curvas son asintóticas, nos muestra el consumo óptimo ya que en él el individuo logra la mayor satisfacción que puede alcanzar dado su presupuesto. Cualquier otro punto sobre la curva le da la misma satisfacción que el punto **A** pero a un costo mayor fuera de su presupuesto.

He mostrado aquí únicamente lo básico de esta teoría. De continuar ustedes con otros cursos de microeconomía podrán observar toda la riqueza que se desprende de su estudio.

Conclusión

La escuela neoclásica hizo un análisis exhaustivo del equilibrio económico en condiciones de competencia perfecta (suponiendo que no hay concentración de la demanda y de la oferta en pocas manos). Sin embargo en la tercera y cuarta década del siglo XX varios economistas sentaron las bases de la competencia imperfecta (oferta y/o demanda concentradas en una o pocas manos). Esos economistas fueron el italiano Piero Sraffa (1898-1983), el norteamericano Edward H. Chamberlin (1899-1967) y la inglesa Joan Robinson (1903-1983). Con sus estudios colaboraron en una revisión profunda cuyo protagonista principal sería John Maynard Keynes quién... "A pesar de sus antecedentes marshallianos.... iba a lanzar el ataque individual más poderoso sobre la tradición neoclásica." (Ingrid Hahne Rima, *Desarrollo del Análisis Económico.*).

6.5 John Maynard Keynes

"Los principales inconvenientes de la sociedad económica en que vivimos son su incapacidad para procurar el pleno empleo y su arbitraria y desigual distribución de la riqueza y los ingresos."

John Maynard Keynes
(1883-1946)
Teoría general de la ocupación el interés y el dinero (1936)

Pocos economistas han tenido la enorme influencia que Keynes tuvo a partir, en el año 1935, de la publicación de su célebre obra "*Teoría general de la ocupación el interés y el dinero*", conocida popularmente como "*La Teoría General*".

Los economistas neoclásicos partieron de un supuesto general, que para Keynes se trataba solamente de un supuesto particular y que ha quedado expresado en la llamada Ley de Say -en honor del economista clásico francés, Juan Bautista Say (1767-1832)- que dice, en forma resumida: *Toda oferta crea su propia demanda.*

El supuesto que se encuentra en esa ley es el de que todo gasto productivo genera automáticamente un ingreso a los factores de la producción, ingreso que se expresa inmediatamente como demanda. De acuerdo con ello, al producir cualquier tipo de mercancías generamos un poder de compra —expresado en los salarios, las rentas, los intereses y beneficios pagados- suficiente para comprar nuestra producción. Por otro lado supone que cualquier desajuste de tipo friccional en el tiempo puede equilibrarse automáticamente mediante movimientos en los precios, incluido el de la fuerza de trabajo: el salario.

Si todo lo anterior fuera cierto, tendríamos siempre en equilibrio a la economía lejos de ciclos de negocios y de depresiones económicas. Keynes señala que la realidad nos muestra ciclos económicos que se presentan periódicamente y, por lo tanto, el modelo neoclásico no explica la realidad. Los precios en general y los salarios, en lo particular muestran una rigidez que impide el ajuste inmediato hacia el equilibrio general, razón por la que en ocasiones los almacenes de las fábricas se llenan al no poder colocar las mercancías producidas en el mercado. Lo anterior ocasiona que las empresas reduzcan la producción y despidan a sus trabajadores lo cual disminuye aún más el poder de compra en el mercado y agudiza el ciclo económico originado en la insuficiente demanda existente.

La gran depresión de 1929 vino dramáticamente a demostrar lo acertado del análisis de Keynes. A fines de 1932 el nuevo gobierno norteamericano encabezado por Roosevelt es asesorado, entre otros, por el economista inglés e inicia un programa de gasto público que genera empleos e inyecta capacidad de compra al mercado.

El nuevo análisis del equilibrio general de Keynes requirió de un nuevo enfoque de la economía, considerada en su totalidad, lo que llevó al nacimiento de la *Macroeconomía*.

El equilibrio general del sistema económico depende de la oferta y la demanda, pero no de la oferta y demanda de mercancías particulares —estudiadas por la microeconomía- sino de la agregación de todas las ofertas y de todas las demandas existentes en la economía.

Los grandes agregados de la economía pueden ser vistos desde dos puntos de vista: el destino que damos a la producción de bienes y servicios de toda la nación, y el destino que le damos a nuestro ingreso.

Así, en el primer caso, tendríamos la siguiente fórmula fundamental:

$$PIB = C + I + G + (x\text{-}m)$$

En donde:

PIB = Producto Interno Bruto (la suma total de los bienes y servicios producidos en un año en una país).

C = Consumo (la parte de esos bienes y servicios que consumimos en forma final).

I = Inversión (la parte de esos bienes y servicios que invertimos con el objeto de reponer el capital depreciado e incrementar nuestra capacidad productiva).

G = Gasto Público (la proporción de bienes y servicios consumidos por el Estado).

x = Exportaciones de bienes y servicios.

m = Importaciones de bienes y servicios producidos en el extranjero que realizamos anualmente.

La fórmula del Ingreso Nacional sería:

$$YN = C + S + G + (x - m)$$

En donde:

YN = El ingreso nacional generado en un año por el pago de salarios, rentas, intereses y beneficios.

C = La parte de nuestro ingreso que destinamos a nuestro consumo final.

S = La proporción de nuestro ingreso que ahorramos.

G = La parte del ingreso nacional que, vía impuestos y aportaciones, permite al Estado llevar a cabo su Gasto Público.

x = El ingreso que obtenemos por las exportaciones realizadas.

m = La parte de nuestro ingreso nacional que destinamos a pagar las importaciones que realizamos anualmente.

Por lo tanto

$$PIB = YN$$

Sustituyendo tenemos:

$$C + I + G + (x - m) = C + S + G + (x - m)$$

Al eliminar términos comunes quedaría esta igualdad:

$$I = S$$

El equilibrio general del sistema depende de que esta igualdad se dé. Los neoclásicos daban por hecho que esto era así pero Keynes vino a demostrar que no necesariamente, por lo que en caso de que:

$$I < S$$

Esto es, el ahorro sea mayor a la inversión entonces:

$$C > C$$

O lo que es lo mismo, la parte del Ingreso nacional destinada a consumir bienes y servicios (la C de la primera parte de la igualdad) es menor que la cantidad de bienes y servicios producidos para el consumo final (la C de la segunda parte de la igualdad) y los almacenes de productos terminados no se vaciaran a menos que incrementemos nuestras exportaciones.

Por otra parte, si:

$$I > S$$

La inversión es mayor que el ahorro

Entonces:

$$C < C$$

El consumo de bienes y servicios es mayor que la producción nacional de los mismos –los almacenes de productos terminados se vacían- y tenemos que incrementar nuestras importaciones. El resultado: o los precios nacionales se incrementan o traemos ahorro del exterior. Lo más común es que ambas cosas sucedan al mismo tiempo.

6.6 El neoliberalismo

"Creo que si no fuera por la interferencia del gobierno con el sistema monetario no tendríamos fluctuaciones industriales ni períodos de depresión."
Frederich A. Hayek
En entrevista por *Thomas W. Hazlett (1977)*

En el año de 1947, tras la Segunda Guerra Mundial, el economista austriaco Frederich Von Hayek convoca en Mont Pelerin (Suiza) a un grupo de pensadores y economistas conservadores contrarios a Keynes entre los que destacan Milton Friedman, Ludwig von Misses, Walter Lippman, Carlos Popper, Carlos Polanyi y Salvador de Madariaga El propósito de la convocatoria: establecer una plataforma ideológica con fundamentos económico liberales que se opusiera tanto al pensamiento marxista como a las corrientes socialdemócratas y keynesianas que promulgaban el estado del bienestar.

Nace así la Sociedad de Mont Pelerin, antecedente del Foro Económico Mundial (WEF por sus siglas en Inglés) y de las actuales reuniones de Davos, Suiza. Con esta sociedad nace el llamado neoliberalismo que tan grande influencia ha tenido en el mundo en los últimos veinte años del siglo XX y hasta nuestros días.

Él pensamiento de Keynes es para el neoliberalismo su mayor enemigo, odio que podemos entender si tomamos en cuenta que el economista inglés acercó nuevamente la teoría económica a sus orígenes en la economía política a través del estudio de la distribución del producto entre la renta, los salarios y el beneficio de los capitalistas.

Durante las dos décadas posteriores a la Segunda Guerra Mundial, este grupo extiende su influencia en los Estados Unidos de América a través de instituciones de educación superior de alto prestigio nacional e internacional como el Instituto Tecnológico de Massachusetts (MIT), la Universidad de Harvard y principalmente la Universidad de Chicago, universidad en donde se generan dos corrientes: la monetarista liderada por Milton Friedman, y la llamada Escuela de las Expectativas Racionales desarrollada por Robert Lucas (Universidad de Chicago), Thomas Sargent (Universidad de Stanford) y Robert Barro (Universidad de Harvard).

La corriente neoliberal vuelve a retomar el concepto de la flexibilidad de salarios y precios, así como una postura abierta contra la intervención estatal en la economía. Promueve la disminución de impuestos a los grandes capitales con la no comprobada hipótesis de que así estos se verían en posibilidad de incrementar sus inversiones, fenómeno que las estadísticas históricas de los últimos 30 años han desmentido, mostrando, por lo contrario, una acentuada concentración de los ingresos a pesar de lo cual sigue siendo bandera de grupos políticos conservadores en la actualidad.

La frase de Hayek que al inicio de este módulo presentamos, muestra claramente la postura de estos teóricos para los cuales el mercado es el regulador automático y mágico de toda la economía y sólo la intervención del estado lo distorsiona y le impide cumplir con sus funciones. Para ellos la competencia imperfecta desaparece del análisis económico así como la concentración y mala distribución del ingreso. Nada de ello tiene efectos negativos sobre el equilibrio del sistema económico. Siempre que algo sale de manera distinta a lo por ellos pronosticado, aparece el estado como el culpable.

Curiosamente, ni las grandes potencias industriales ni las exitosas economías asiáticas han aplicado los dogmas del neoliberalismo y en las primeras observamos la constante intervención del estado, mientras que en las segundas una férrea planificación de la inversión y un riguroso proteccionismo a su industria básica han tenido un papel fundamental en el crecimiento económico.

Fue en el ámbito de nuestras economías subdesarrolladas en donde mayor influencia política tuvieron las viejas teorías revividas por la Sociedad de Mont Pelerin. Durante años nuestros países protegieron su agricultura, su industria y sus servicios domésticos y en pocos años todo ello fue desmantelado dejando a nuestras economías dependientes de los movimientos internacionales del capital especulativo e insertas en un modelo globalizador en el que las industrias transnacionales producen para el mercado de los países altamente industrializados tocándonos a nosotros proveer la mano de obra barata que reduzca los precios internacionales.

El poco valor agregado en este proceso no compensa el abandono del desarrollo de nuestro mercado interno y limita las tasas de crecimiento de nuestras economías.

CAPÍTULO 7

¿Cómo se organizan los mercados?

"Un mercado es un mecanismo por medio del cual los compradores y los vendedores de un bien o servicio determinan conjuntamente su precio y su cantidad".

Paul A. Samuelson y William D. Nordhaus
Economía

"Como nos ha recordado hace poco el profesor del MIT, Daron Acemoglu, 'mercados libres' no equivalen a 'mercados desregulados', sino más bien lo contrario. Mi forma favorita de expresar la misma idea es que los mercados son un 'bien público' demasiado importante como para dejarlos en manos de sus apologetas más interesados, de modo que no podemos dejar en sus manos la bandera del mecanismo potencial de eficiencia de los mercados... "

Juan Tugores Ques
Prólogo al libro "Escritos económicos varios"

Presentación

En esta unidad muestro los elementos fundamentales que están presentes en la actividad comercial y que conforman lo que conocemos como MERCADO. Con ellos los lectores entenderán la diferencia entre un mercado perfecto y uno imperfecto y las implicaciones que esas diferencias tienen en el proceso económico y en el equilibrio general del sistema productivo y de consumo.

Mi principal objetivo radica en que el lector comprenda al mercado como una categoría histórica, mucho más antigua que el sistema de producción capitalista -bajo el cual vivimos hoy en día-; analicé los aspectos positivos y negativos que el *intermediarismo* introduce en el mercado y la forma en que la competencia imperfecta en este sector limita la producción y el consumo disminuyendo los precios a los que venden los productores directos y aumentando los precios que paga el consumidor final.

Entender el origen del fenómeno inflacionario y comprender sus consecuencias en la vida de su comunidad resulta una competencia que busco desarrollar en los estudiantes recién llegados a nuestra ciencia.

Lograr lo anterior implicará que los alumnos y público lector en general identifiquen las características y consecuencias de una crisis y la diferencia entre una recesión y una depresión económicas.

Conocer las consecuencias que en su vida familiar y comunal tienen estos fenómenos y aprender que la teoría económica ha desarrollado instrumentos de política que le permiten enfrentar las fluctuaciones que la actividad productiva y de consumo presentan.

7.1 La competencia en los mercados

"Los monopolistas manteniendo siempre bajas las disponibilidades de sus productos en el mercado, y no satisfaciendo jamás la demanda efectiva, venden sus géneros a un precio mucho más alto que el natural, y elevan por encima de la tasa natural sus ganancias, bien consistan éstas en salarios o beneficios."

Adam Smith
La Riqueza de las Naciones *(1776)*

No quiero dejar pasar sin comentar la impresión que siempre me ha causado el razonamiento anterior de Adam Smith. Hoy en día, con todo el instrumental teórico de que disponemos, llegar a esa conclusión es fácil pero en 1776 no lo era. Estoy convencido de que estamos ante uno de los ejemplos de pensamiento lógico más impresionantes realizado por un ser humano, equiparable al de Heráclito cuando explicó la naturaleza de la Vía Láctea sin los instrumentos ópticos modernos.

Por otra parte, resulta curioso que un pensamiento como aquel, producto del análisis desde la teoría del valor trabajo, fuera confirmado gracias al instrumental analítico del costo y del ingreso marginal.

En la Primera Parte de esta obra -Diagrama 3- mostré las características básicas del funcionamiento del mercado. Retomando aquel diagrama del flujo circular, recordaremos las características del mercado como un todo, conformado a su vez por un mercado de bienes y servicios y un mercado de factores de la producción. Mientras que en el primero las familias actuamos como consumidores, en el segundo, el de los factores de la producción, representamos la oferta, la mayoría de nosotros como propietarios de nuestra fuerza de trabajo, misma que vendemos en este mercado y que constituye nuestro único ingreso y de cuyo tamaño depende nuestra fuerza como consumidores.

Competencia perfecta

Para definir la *competencia perfecta* partimos de los siguientes supuestos:

a. Gran cantidad de productores (Oferta)
b. Gran cantidad de consumidores (Demanda)
c. Ninguno de los ofertantes produce una parte de la oferta tan grande que le permita determinar el precio.
d. Ninguno de los consumidores consume una parte de la demanda tan grande que le permita controlar el precio.
e. Los productos no están diferenciados (o lo que es lo mismo, las mercancías que los productores ofrecen son exactamente iguales entre sí).
f. Tanto los productores como los consumidores tienen una información perfecta de los precios y condiciones del mercado.

De lo anterior se deduce que el precio será la expresión social del acuerdo de miles y miles de productores y consumidores en igualdad de condiciones. Tanto productores como consumidores serán lo que conocemos en economía como *precio- aceptantes*.

Tanto la oferta como la demanda tendrán que aceptar un precio determinado socialmente. El precio será, por lo tanto, suficiente para que el productor cubra los costos de los factores invertidos en la producción (tierra, trabajo y capital) no tendrá, sin embargo, beneficios pues venderá a lo que Adam Smith llamó *el precio natural*.

Para comprender lo anterior traigamos una vez más la gráfica de los costos medios y marginales.

Bajo los supuestos de la competencia perfecta, es tan grande la cantidad de productores y consumidores y es tan pequeña la parte proporcional de su oferta y demanda dentro del total, que el productor individual puede vender cualquier cantidad que produzca -su curva de la demanda es horizontal al eje de las abscisas (Q), o lo que es lo mismo, es perfectamente elástica-.

El precio, por la gran competencia y por la perfecta información de los demandantes, se fijará entonces en aquel punto en el que los productores cubran todos sus costos de producción (trabajo, renta y capital).

Gráfica 12. Eficiencia Social en la Competencia Perfecta

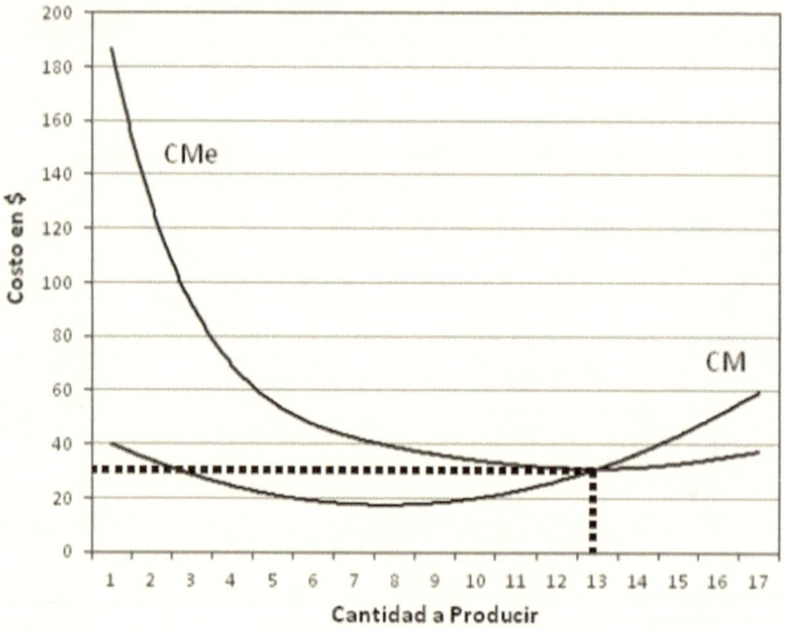

Si observamos la gráfica nos daremos cuenta que la oferta está produciendo la mayor cantidad que puede ser producida al menor precio socialmente posible (aquel en que el productor cubre todos sus costos de producción, incluidos aquellos que conocemos como de oportunidad).

Competencia imperfecta

Al observar los supuestos de la competencia perfecta nos damos cuenta de que la mayoría de ellos no se dan en el mundo real y sólo la producción del sector primario y algunos sectores extractivos se acercan al modelo perfecto. Aún en ellas, sin embargo, la información no es perfecta y existen productores y demandantes que controlan una parte importante de las cantidades ofertadas y demandadas.

¿Qué sucede en condiciones de competencia imperfecta? Existen ofertantes y/o demandantes que tienen control sobre una parte importante del mercado por lo que su curva de la demanda comienza a tener pendiente negativa, lo que implica que al reducirse la cantidad abastecida al mercado los precios se incrementan.

Gráfica 13. Precios y Oferta en la Competencia Imperfecta

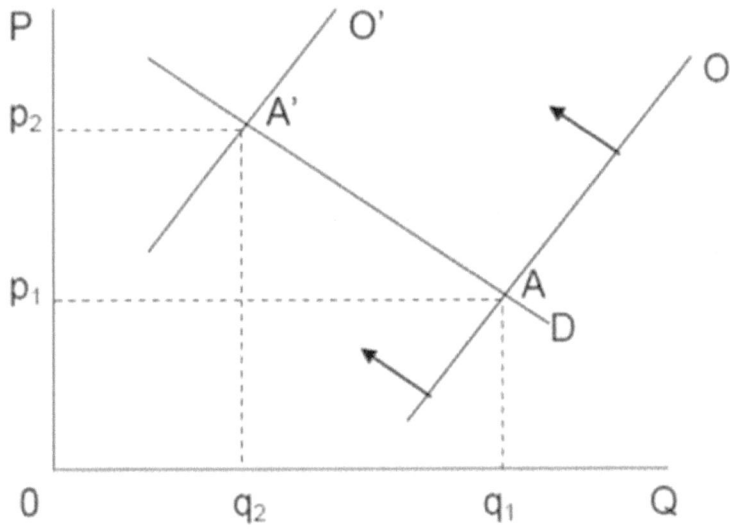

Observamos que en este ejemplo la oferta es capaz de llevar al mercado la cantidad q_1 a la cual, por la pendiente de la curva de la demanda, le corresponde el precio p_1 en el punto de equilibrio **A**. Si el ofertante redujera la cantidad que es capaz de llevar al mercado de q_1 a q_2 (nueva curva de la oferta **O'**) entonces, por la pendiente de la curva de la demanda, el punto de equilibrio pasaría a **A'** al que le corresponde un precio p_2, más alto que el original.

¿Por qué es negativa para la economía en general la competencia imperfecta? La frase de Adam Smith al inicio de esta sección es más clara que ninguna otra explicación de los aspectos nocivos de la competencia imperfecta. Veámosla.

Del lado de la oferta:

a. Se abastece el mercado con una cantidad menor a aquella que las fuerzas productivas pueden fabricar;
b. Debido a lo anterior el ofertante vende a un precio mayor al que existiría en la competencia perfecta, apareciendo, por lo tanto, el beneficio superior al natural del que habla Smith.

Del lado de la demanda:

a. Se compra en el mercado una cantidad menor a la demanda efectiva de la sociedad;
b. Debido a lo anterior, el precio de equilibrio es menor al que obtendría la oferta en condiciones de competencia perfecta.

La competencia imperfecta se presenta en diferentes grados, dependiendo de lo concentrada que esté en pocas manos tanto la oferta como la demanda. Los más conocidos son:
Del lado de la oferta:

a. Monopolio – Existe un solo oferente del producto.
b. Oligopolio –Existen unos pocos ofertantes del producto.
c. Competencia monopolística – Existen muchos oferentes pero diferencian al producto de alguna manera haciéndolo distinto al de sus competidores.

Del lado de la demanda:

a. Monopsonio – existe un solo comprador del producto.
b. Oligopsonio – existen unos pocos compradores del producto.
c. Competencia monopsónica – existe una gran cantidad de compradores pero cada uno de ellos tiene cierto poder de mercado.

La pregunta que nuestros lectores se estarán haciendo es: ¿cómo determinan los ofertantes la cantidad a ofrecer en el mercado? La respuesta es: en aquel punto en el que maximicen su beneficio.

En economía se ha determinado ese punto y para explicarlo construiremos una tabla en la que introduciremos un nuevo concepto: el de *Ingreso Marginal.*

El ingreso marginal es el ingreso adicional que obtiene un ofertante al vender una unidad adicional de su mercancía.

Construyamos una tabla hipotética en la que tengamos la situación de mercado de un monopolio.

Q	P	CT	CMe	CM	IT	IM	BT
0	200	145			0		-145
0.5				30		180	
1	180	175	175	27.5	180	160	5
1.5				25		140	
2	160	200	100	22.5	320	120	120
2.5				20		100	
3	140	220	73.3	25	420	80	200
3.5				30		60	
4	120	250	62.5	40	480	40	230
4.5				50		20	
5	100	300	60	60	500	0	200
5.5				70		-20	
6	80	370	61.7	80	480	-40	110
6.5				90		-60	
7	60	460	65.7	100	420	-80	-40
7.5				110		-100	
8	40	570	71.3	122	320	-120	-250
8.5				135		-140	
9	20	705	78.3		180	-160	-525

Tabla 10: Costos e Ingresos en Competencia Imperfecta

Donde:

Q = Cantidad
P = Precio
CT = Costo Total
Cme = Costo Medio
CM = Costo Marginal
IT = Ingreso Total
IM = Ingreso Marginal

BT = Beneficio Total

En la tabla observamos que el máximo beneficio (230) lo obtiene el monopolista vendiendo la cantidad que corresponde al punto donde el Costo Marginal es igual al Ingreso Marginal (40). Veamos la gráfica que derivamos de la tabla anterior.

Gráfica 14. Maximización de Beneficio en el Monopolio

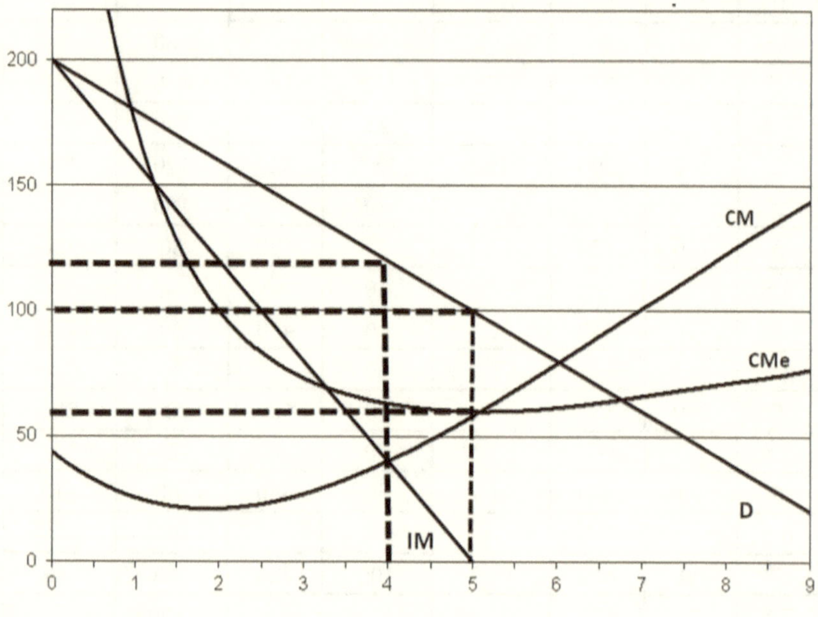

El monopolio maximiza su beneficio total vendiendo 4 unidades a un precio de 120 y con un costo medio o unitario de 62.5. Su ingreso total es 480 y su beneficio total 230.

Si se posicionara en su punto de eficiencia social (CM = Cme) vendería 5 unidades a un precio de 100 y cubriría todos sus costos. ¿Qué beneficio tendría la sociedad en su conjunto? Obtendría más unidades del bien a un menor precio, sobrándoles dinero a los consumidores para cubrir otras necesidades no satisfechas.

En algunas obras sobre economía se señala que el monopolio no tiene una curva de la oferta. La razón de esta afirmación se encuentra en que la oferta no se establece en aquel punto en que el costo marginal es igual al precio, como sucede en los supuestos neoclásicos de la competencia perfecta, sino indirectamente a partir de la cantidad determinada por el punto en que el costo marginal es igual al ingreso marginal, tal y como vimos en la gráfica anterior. Si esta aseveración es válida para el monopolio, también lo sería para toda la competencia imperfecta y por lo tanto la mayoría de las empresas carecerían de una curva de la oferta.

Dado que en competencia imperfecta la forma de la curva de la demanda determina la forma que la curva del ingreso marginal tendrá, y esta, a su vez, determina la cantidad maximizadora de la ganancia tanto del monopolio como del oligopolio y competencia monopolística, busqué derivar en la siguiente gráfica lo que sucede cuando desplazamos paralelamente la demanda –lo que supone un incremento de la misma sin variación en su pendiente- y el consecuente movimiento del ingreso marginal que la acompaña.

Gráfica 15. Derivando la Curva de la Oferta del Monopolio

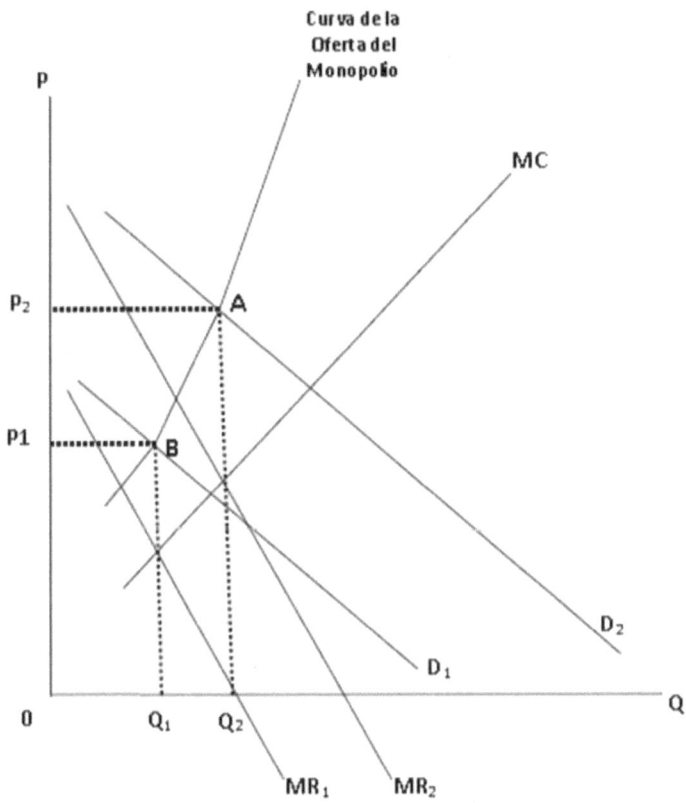

Resulta claro que la curva derivada de la oferta se convierte cada vez más en inelástica lo que le da mayor poder de mercado al monopolio.

Las demás formas de competencia imperfecta vistas desde la oferta actúan en forma similar y aunque no tienen un control absoluto del mercado, por ser precio fijantes si abastecen al mercado con una cantidad menor de bienes y servicios de los que su capacidad productiva se los permitiría.

En el caso de la competencia imperfecta vista desde la demanda, esta ha sido poco estudiada y la abordaré en un modelo sencillo en el siguiente punto.

7.2 Los intermediarios

"Los monopsonistas manteniendo siempre baja la demanda de productos en el mercado, y no igualando jamás la demanda efectiva, compran los géneros a un precio mucho más bajo que el natural, y reducen sus erogaciones, bien consistan éstas en trabajo o en capital."

Carlos Encinas Ferrer
Parafraseando a Adam Smith

La intervención de los intermediarios en la cadena productiva distorsiona en muchas ocasiones el flujo del mercado. Al demandar mercancías, actúan en muchos casos como *monopsonistas* u *oligopsonistas*, y al ofrecer mercancías lo hacen como *monopolistas* u *oligopolistas*. Esta doble personalidad de una parte importante del sector terciario ha sido poco estudiada y tiene implicaciones doblemente negativas tanto para la oferta productiva como para el consumidor final.

Diagrama 5. Posición del Intermediario

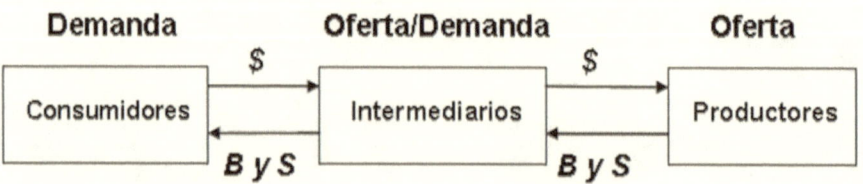

Observamos claramente la posición dual del intermediario en el flujo del mercado. Contra mayor sea la porción del flujo de mercancías que pasan por sus manos mayor será su posibilidad de actuar como monopsonista/monopolista y mayor la posibilidad de actuar sobre los precios y las cantidades ofrecidas y demandadas.

Su efecto negativo se podrá sentir en forma relevante en el caso de que las mercancías sean bienes de consumo básico ya que por tener una demanda inelástica, las variaciones de los precios serán muy altas, con reducciones pequeñas en las cantidades negociadas. Sin embargo, como los intermediarios trabajan a base de porcentajes, su intervención en el mercado incrementa la elasticidad de la demanda al disminuir su pendientes, como lo veremos enseguida.

A continuación presento una gráfica en la que se observa la actuación del intermediario en su posición de monopsonista u oligopsonista.

Gráfica 16. Curva de la Demanda del Monopsonio

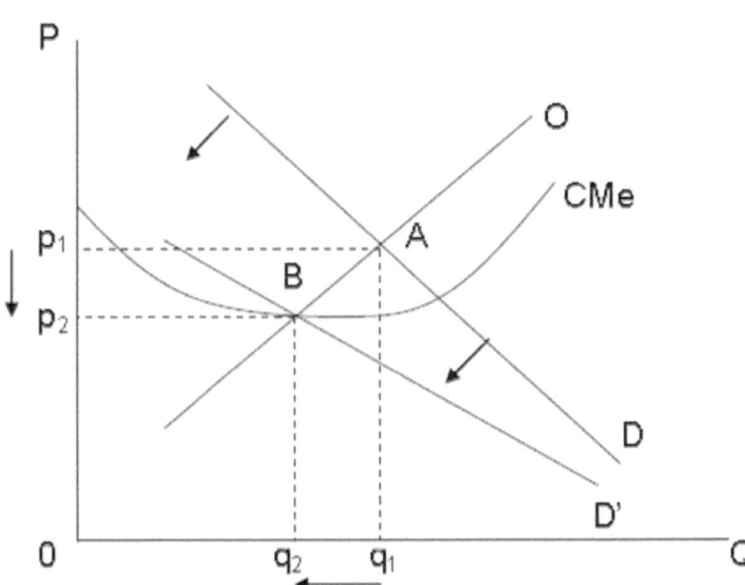

La demanda efectiva la hemos representado por la curva **D**. La intervención del intermediario reduce porcentualmente el precio y por lo tanto la hace más elástica, cambiando la curva de la demanda a **D'**. Al disminuir la cantidad demandada a q_2 obtiene un precio más bajo (p_2).

Diagrama 6. El Flujo Ampliado de la Economía Capitalista

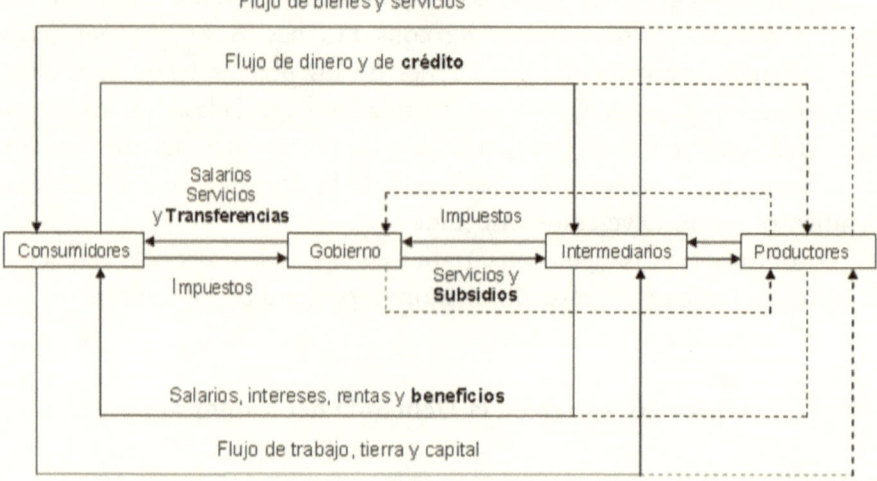

En el tema anterior vimos lo que sucede cuando el intermediario actúa como monopolista u oligopolista.

Un resultado interesante de mi análisis de la figura del monopsonio-monopolio es que el intermediario monopsonista-monopolista u oligopsonista-oligopolista como demandante convierte a la curva de la demanda en más elástica y como ofertante, su curva de la oferta se vuelve más inelástica. La acción conjunta de ambos fenómenos le da un poder de mercado que limita la competencia.

Los intermediarios cumplen con una función importante cuando no actúan como dualidad monopsonista/monopolista. Facilitan la circulación de mercancías llevándolas a los centros de consumo final, reduciendo, por sus mayores volúmenes, los costos que implicarían a los productores y facilitando la labor de elección de los consumidores. Sin embargo, los aspectos negativos son de tal magnitud que ameritan medidas de política económica para su corrección. Todos conocemos la diferencia tan grande que existe entre los precios a los cuales nuestros campesinos venden a los intermediarios sus productos y los que pagamos finalmente los consumidores. La diferencia es de tal magnitud que no permite la capitalización del sector agropecuario y reduce el nivel de consumo de las familias en general.

7.3 Inflación y deflación

"Durante toda la historia, el dinero ha oprimido a los pueblos de una de las dos formas siguientes: o bien ha sido abundante y muy poco fiable, o bien ha sido fiable y muy escaso."

John Kenneth Galbraith
La época de la incertidumbre (1977)

El incremento de los precios nos ha acompañado a lo largo de los años. Es sin lugar a dudas el mayor enemigo de nuestros salarios ya que reduce su capacidad de compra cuando los precios se incrementan más que nuestros emolumentos.

En México hemos vivido en los pasados 50 años épocas en las que los precios han sido muy estables y hemos tenido, incluso, inflaciones menores que nuestros vecinos, los Estados Unidos de América.

Sin embargo, a partir de 1970 las altas tasas de inflación de asentaron en nuestra economía ocasionando problemas serios como fueron las fuertes devaluaciones que en los últimos 30 años nos asolaron.

El término inflación se refiere a un aumento del nivel general de precios. Llamamos *tasa de inflación* a la tasa de la variación porcentual del nivel general de precios. Se mide por medio de la siguiente fórmula:

$$i = \frac{t - (t - 1)}{t - 1} \times 100$$

Donde:

i = *tasa de inflación en el año actual*
t = nivel de precios en el año actual
$t - 1$ = Nivel de precios en el año anterior

Veamos un ejemplo sencillo: el precio del kilo de tortilla es en este año de $5.00. Hace un año era de $4.00 ¿Cuál fue la tasa de inflación del precio de la tortilla?

$$i = \frac{5.00 - 4.00}{4.00} \times 100 = \frac{1.00}{4.00} \times 100 = 25\%$$

El precio de la tortilla se incrementó en un año el 25%.

No todos los precios varían de igual forma ya que ello depende de las condiciones de la oferta y la demanda de cada producto en lo particular. Por otra parte, no todos los precios tienen el mismo impacto en nuestro consumo. Si el precio de la sal se incrementa un 100% no tendrá el mismo impacto en nuestro gasto que si las tortillas o la carne ven incrementado su precio al doble (un 100%).

La tasa de inflación en nuestro país se mide a partir de las variaciones en el llamado Índice Nacional de Precios al Consumidor que calcula quincenal y mensualmente el Instituto Nacional de Estadística Geografía e Informática (INEGI) y anteriormente lo hacía Banco de México, nuestro banco central.

Un fenómeno menos común pero que se presenta, sobre todo cuando los precios aumentan pero la economía no muestra crecimiento en la producción, es el de la **deflación,** término que se refiere a una disminución en el nivel general de precios. Esto tiene lugar cuando las empresas y los intermediarios no pueden vender toda la mercancía producida, la cual empieza a acumularse en las bodegas, primero de los intermediarios y posteriormente de los fabricantes directos. Para contrarrestar esto, los oferentes reducen precios con el objeto de recuperar, aunque sea parcialmente, su capital invertido, y posteriormente reducen la producción y, por lo tanto, el empleo.

7.4 ¿Qué es una crisis económica?

"Las fluctuaciones cíclicas son movimientos ondulatorios de la actividad económica, caracterizadas por fases periódicas de expansión y contracción en períodos que exceden de un año."

James Arthur Estey
Tratado sobre los ciclos económicos (1956)

Las fluctuaciones de la actividad económica tienen su origen en diversos fenómenos. En el sector agrario es común tener ciclos económicos originados por fluctuaciones estacionales en las cosechas. Recordemos la historia de José, narrada en la Biblia, con el sueño del Faraón en el que se le aparecían siete vacas gordas seguidas de siete vacas, clara referencia a ciclos económicos de siete años.

En esta sección trataremos el tema de las fluctuaciones cíclicas a las que se refiere James Arthur Estey en la cita escogida.

Cuando hablamos de crisis económica nos referimos a las fases en las que el ciclo presenta una contracción económica, esto es, el Producto Interno Bruto (PIB) disminuye reduciéndose el nivel de vida de la población.

Ha sido común en los últimos años oír hablar de *recesión económica* y confundir dicho término con el de *depresión económica*. Aclaremos la diferencia: la depresión económica, como Estey lo señala, dura por lo menos un año, mientras que la recesión se refiere a períodos cortos de más de seis meses y menos de un año.

México ha presentado en períodos recientes fuertes depresiones como la de 1982-1983, 1985-1986, 1995-1996 y la de 2000-2003.

Veamos la gráfica de la evolución trimestral en México del Producto Interno Bruto (PIB) desde 1993 al segundo trimestre de 2013. En el eje de las **Y** las cifras se refieren a millones de pesos. Los valores son reales, esto es, se ha eliminado la inflación. El año base para su cálculo es 2008. Los datos provienen de INEGI y Banco de México.

Gráfica 17. Evolución del PIB en México

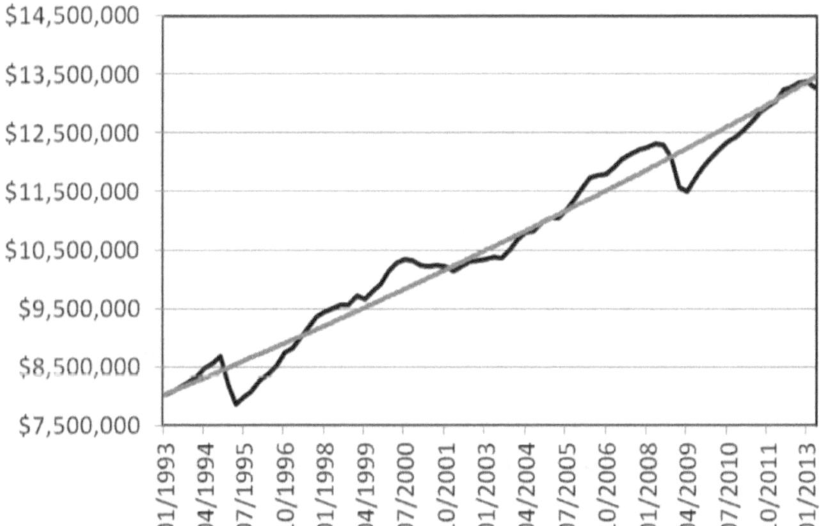

Fuente: Elaboración propia con datos del Banco de México e INEGI.

Hemos añadido la tendencia potencial para poder observar los movimientos cíclicos expansivos y contractivos que fluctúan alrededor de ella y claramente se aprecian las grandes recesiones de 1995 y de 2009.

La depresión más conocida en la historia económica es la que tuvo lugar a nivel mundial en 1929 y duró hasta 1933, fenómeno económico que abarcó prácticamente todo el planeta.

Veamos como se ha comportado la evolución del PIB de los E.U.A. (Gross Domestic Product o GDP) calculado a precios constantes de 2005.

Gráfica 18. Evolución del PIB en los EE.UU

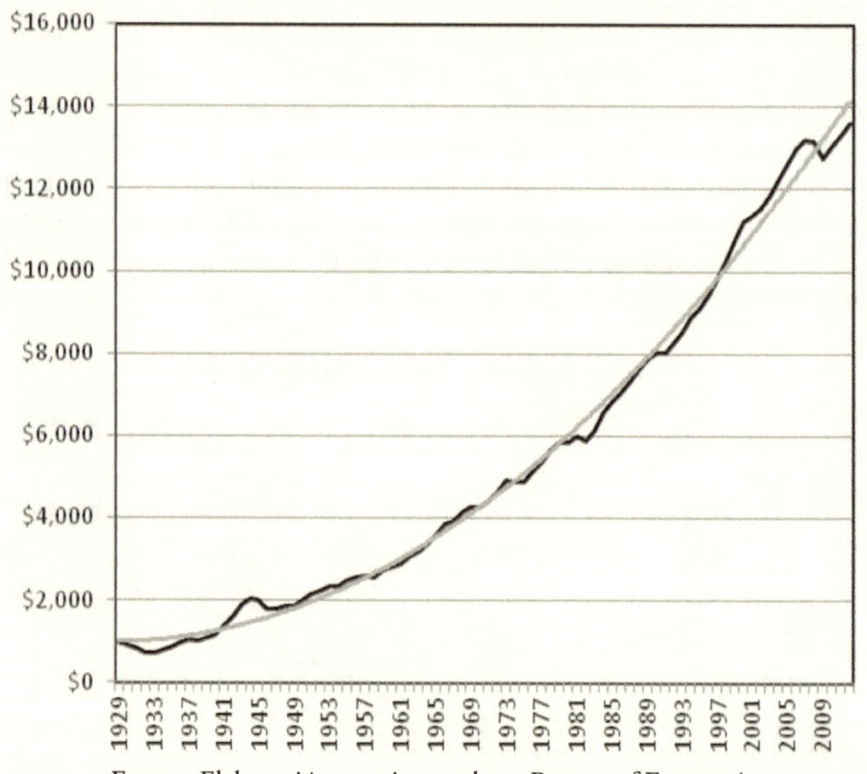

Fuente: Elaboración propia con datos Bureau of Economic
Analysis (BEA)

Las cifras del eje de las **Y** se refieren a miles de millones de dólares. He añadido la tendencia polinomial de orden 2 para resaltar las épocas de expansión y de recesión. A esa tendencia central de crecimiento es a la que Keynes llamaba *Producción Potencial* y es la tasa natural de crecimiento de la economía con una inflación reducida y poco desempleo.

¿Cuáles son las causas de las crisis económicas? Tienen como característica común el que el subconsumo se adueña de la mayoría de la actividad económica. Son las que señalábamos en el apartado de Keynes como épocas en que la producción de artículos para el consumo final es mayor que el consumo que la población realiza. No nos debe extrañar que esto suceda después de haber visto como la competencia imperfecta, que domina hoy en día a la economía mundial, encarece los productos al mismo tiempo que concentra el ingreso en pocas manos, reduciendo la demanda efectiva, la de aquellos que están en posibilidad de comprar. En nuestro país ha habido otras causas de las crisis económicas, asociadas estas a períodos de fines de sexenio que venían acompañadas de fuertes devaluaciones del tipo de cambio de nuestra moneda. Por otro lado nuestro comercio exterior con los E.U.A. tiene un peso tan fuerte en la economía nacional que importamos las recesiones que se generan en la actividad económica de aquel país.

Lo anterior lleva a un círculo vicioso ya que las empresas, al no poder vender su producción, despiden a la mano de obra excedente. Familias enteras se quedan así sin ingreso agudizando el problema del consumo reducido.

7.5 Instrumentos de política económica

"... si los dirigentes se ganan la confianza del país y se muestran enérgicos en la liquidación de los privilegios y las desigualdades más evidentes, pueden inspirar a las masas un entusiasmo por el progreso que arrolle todos los obstáculos que se les presenten."

Organización de las Naciones Unidas (ONU)
"Medidas para el Desarrollo Económico de los Países
Subdesarrollados" (1951)

El desarrollo de la macroeconomía que debemos a John Maynard Keynes ha puesto en nuestras manos una serie de instrumentos de política económica tan efectivos que desde 1929, países como los Estados Unidos de América han tenido recesiones económicas pero no las profundas depresiones que eran comunes antes de la Segunda Guerra Mundial.

Los instrumentos de la política macroeconómica son aquellas variables económicas que se encuentran bajo el control del gobierno, el cual puede influir a través de ellas en uno o más objetivos macroeconómicos.

Las políticas macroeconómicas más importantes son:

a. **La política fiscal.** Se refiere a la utilización de los impuestos y del gasto público por parte del estado para dirigir la inversión e incrementar la demanda efectiva. Por medio de una política fiscal adecuada el estado puede hacerse de recursos que le permitan realizar compras y obra pública que incrementen el empleo. Por otro lado puede realizar transferencias vía subsidios a los grupos más necesitados de alimentación, ropa y vivienda o, por medio del seguro de desempleo mantener el consumo de las familias cuyos miembros haya sido despidos por la crisis económica. La política fiscal puede también orientar el gasto y la inversión de los particulares hacía propósitos definidos a través de un plan.

b. **La política monetaria.** A través del banco central el estado regula la oferta monetaria, esto es, el dinero que permite a los bienes y servicios fluir a través del mercado. Alterando la oferta monetaria el estado puede influir en las variables financieras y económicas como los tipos de interés, los precios de las acciones en las bolsas de valores, los precios de la vivienda y los tipos de cambio de nuestra moneda. Hoy en día, gracias a la teoría económica sabemos que tipos de interés altos desalientan la inversión pues permiten a los dueños del capital financiero obtener beneficios mayores que los que obtendrían en los procesos productivos de mercancías. Tasas de inflación elevadas alientan la economía especulativa que también aleja a los capitales de los procesos productivos y de la generación de empleos, etc.

c. **La política comercial.** La activa participación del estado en la promoción de tratados de libre comercio con el exterior abre oportunidades de negocios internacionales que amplían el posible mercado de nuestros productos. Al mismo tiempo, enfrenta a nuestros empresarios a competidores formidables lo que los obliga a ser más eficientes y más competitivos para poder conservarse en el mercado. Esta política comercial debe ir acompañada de la política fiscal y de los plazos de protección temporales necesarios para que nuestros empresarios y trabajadores alcancen los niveles de productividad que les permitan permanecer en los procesos productivos.

d. **La política de ingresos o rentas.** Este tipo de políticas han sido usadas sobre todo en épocas en que la inflación amenaza con extenderse, épocas que en nuestro país han coincidido con las grandes devaluaciones de nuestra moneda. No son populares ya que por medio de la política fiscal y monetaria se ha buscado con gran efectividad reducir la producción e incrementar el desempleo, controlando así el gasto excesivo en nuestra economía.

En los últimos años el estado, a través del trabajo efectivo del Banco de México, ha logrado controlar la inflación y reducir los riesgos de grandes depreciaciones de nuestra moneda. Desgraciadamente estas buenas medidas han coincidido con recesiones generalizadas de la economía norteamericana -y el impacto que aquellas han tenido en nuestro país- lo que ha hecho a muchos pensar que dichas políticas de control de la inflación han sido las originarias de la depresión económica de nuestra economía. Es obvio que lo que necesitamos no es de políticas monetarias expansivas – la experiencia de los últimos 25 años así debería habérnoslo enseñado- sino de una política de aliento al mercado interno que mediante la creación de empleo y una mayor distribución de la riqueza incremente firmemente la capacidad de compra de la población mexicana.

CAPÍTULO 8

La circulación de mercancías

"En la medida en que el proceso de intercambio transfiere mercancías de manos en las cuales son no-valores de uso, a manos en las que son valores de uso, estamos ante un metabolismo social."

Carlos Marx
El Capital (1867)

Presentación

En esta unidad muestro los principios del intercambio comercial desde sus orígenes, en la economía del trueque.

Desde la aparición de la primera forma del dinero, la mercancía equivalente general -el oro y la plata- hasta las formas modernas del intercambio comercial.

¿Qué implicaciones tiene el trueque? ¿Qué papel juega el valor de uso y el valor de cambio en él? ¿Qué características adquiere el intercambio en el sistema capitalista? ¿De qué manera el dinero adquiere características mercantiles?

Describiremos las operaciones del mercado de dinero y la forma en que, como fenómeno típico de la interacción de oferta y demanda, se genera su precio: el tipo de interés.

El lector entenderá el papel del estado como emisor primario de dinero, la llamada base monetaria, y el papel de la banca comercial como generadora de dinero crediticio, las llamadas formas M1 y M2 que incorporan los depósitos bancarios a la vista y los de ahorro. Comprenderá la necesidad de la existencia del Banco Central como un regulador de dicha actividad financiera.

8.1 El proceso del cambio

"El hombre sufraga la mayor parte de sus necesidades cambiando el remanente del producto de su esfuerzo, en exceso de lo que consume, por otras porciones del producto ajeno, que él necesita."

Adam Smith
"Investigación sobre la naturaleza y
causas de la riqueza de las naciones" (1776)

La división del trabajo y la especialización elevaron la productividad del ser humano permitiéndole producir artículos de consumo por encima de los que necesitaba para cubrir sus propias necesidades. De esta manera tuvo excedentes para intercambiar por otros bienes de consumo que necesitaba y en los que se habían especializado otras personas.

El proceso del cambio se inicia, por lo dicho anteriormente, con el trueque de un bien por otro y el bien de consumo se convierte en mercancía en el momento que es producido para el intercambio en el mercado. Este intercambio de mercancía por mercancía lo podemos representar de la siguiente forma:

$$M - M$$

El problema que surge inmediatamente ante nuestra vista es: ¿cómo medimos el valor de ambas mercancías para que el intercambio sea justo? Con otras palabras: ¿Cómo medimos el valor de las mercancías? Obviamente aquellos primeros comerciantes carecían del grado de especialización con que contamos hoy en día los seres humanos pero si tenían una idea bastante cercana a la realidad de la cantidad de trabajo que era necesario emplear para producir muchos de los bienes que encontraba en el mercado. Este proceso de valoración no funcionaba cuando se enfrentaban a productos que desconocían, por ejemplo, los vidrios de colores y los espejos que los conquistadores intercambiaban con nuestros indígenas por productos de los cuales ellos si conocían su valor en su patria de origen.

La especialización, sin embargo enriqueció enormemente la variedad y calidad de los productos a intercambiar y poco a poco resultó cada vez más difícil valorarlos por su enorme variedad. Por esta razón la sociedad fue eligiendo de entre todas las mercancías, aquellas que por tener un valor grande en comparación a su reducido volumen y que por no descomponerse con el tiempo, fueron de aceptación general. Los metales preciosos poseían esas cualidades y fueron, por lo general, los utilizados como mercancías equivalentes generales. Observemos que se trataba también de mercancías, mercancías que se convertirían en equivalentes generales del valor. En el Siglo VIII A.C. en un país al sur de la actual Turquía llamado Lidia, los metales preciosos -la plata para mayor precisión- fueron acuñados especialmente para intercambiarse en el mercado, apareciendo de esta manera el dinero. Aquellas primeras monedas tenían la forma de una gota de agua y mediante diferentes tamaños permitían su utilización en el intercambio. Posteriormente las monedas comenzaron a acuñarse, grabándoles su valor facial y otras figuras por las que se sabía quién era el acuñador.

Los metales preciosos acuñados facilitaron enormemente el proceso de intercambio y poco a poco fueron alejándose de su forma mercancía para ser reconocidos fundamentalmente por su función de dinero mediador del intercambio. La fórmula original vista más arriba cambió y pudimos expresarla así:

$$M - D - M$$

Con el desarrollo del capitalismo, la producción buscó generalizar la obtención de beneficios plasmados en dinero excedente el cual se convertía no en un medio de circulación sino en un medio de atesoramiento. El propósito no era ya intercambiar mercancías sino obtener más dinero. La fórmula cambió de forma:

$$D - M - D'$$

Siendo la D' una cantidad mayor de dinero que la original. Marx la desagregó así:

$$D = D + d$$

Siendo d el equivalente monetario de la que él llamó *plusvalía* y que nosotros podríamos identificar hoy en día como *beneficio* aunque no sean idénticos ambos conceptos.

Si extendemos la fórmula del intercambio capitalista, tendremos:

$$D - M - D' - M' - D'' - M'' - D'''$$

Fórmula que muestra la acumulación del capital como propósito fundamental del sistema.

De esta manera la producción de satisfactores para el consumo humano pasó a ser el propósito secundario del proceso productivo para ser substituido por el interés de la acumulación del capital en su forma monetaria.

El desarrollo del sistema capitalista de producción, la extensa especialización y división del trabajo y la ampliación del mercado de fuerza de trabajo, convirtió a nuestro mundo en un productor de mercancías dirigidas exclusivamente al intercambio en el mercado. De esta manera para el productor las mercancías se convierten en lo que Marx llama, **no-valores de uso** que llegarán al mercado para ser intercambiadas por dinero por quienes si las convierten en **valores de uso.** Debemos recordar, sin embargo, que el mercado está diseñado de tal manera -debido a la división del trabajo y a la especialización- que en pocas ocasiones el productor original vende directamente al consumidor final. Por el contrario, lo hace a intermediarios del sector terciario los cuales, por comprar a un precio menor del que la demanda efectiva final estaría dispuesta a pagar, infra-demandan para posteriormente infra-abastecer al consumidor final, incrementando los precios y apropiándose de beneficios que tuvieron su origen en el proceso productivo original. De esta manera, los costos marginales del productor original dejan de ser determinantes de la cantidad ofertada, puesto que desaparecen en medio del proceso mercantil.

Así, los costos medios o unitarios se convierten en fundamentales en los procesos contables y de toma de decisión y no los marginales como sostenía la escuela neoclásica y se mantiene hoy en día en la mayoría de las clases de microeconomía en prácticamente todo el mundo.

8.2 El dinero y los tipos de interés

"El dinero es una garantía de que se podrá obtener lo que se quiera en el futuro."

Aristóteles
(384-322 A.C.)

Para entender al dinero debemos reconocer las funciones que le son propias y que una gran parte del tiempo no tomamos en consideración. Dichas funciones son tres:

- Medio de Pago y de Cambio
- Unidad de Cuenta
- Reserva de Valor

"El dinero como ***medio de pago y de cambio*** es la función básica de una moneda, la que permite el intercambio de mercancías, servicios y factores de la producción."[6]

"Como ***unidad de cuenta***, el dinero nos debe permitir contabilizar las operaciones económicas en general, tales como las compras, la producción, las ventas, el control de inventarios, los balances, los estados de pérdidas y ganancias, etc., etc." [7]

"Como ***reserva de valor*** el dinero nos debe garantizar que mantendrá su valor de cambio en el futuro, de tal manera que podamos guardarlo con la seguridad de que compraremos mañana la misma cantidad de bienes y servicios que podemos adquirir hoy."[8]

En esta última definición de la función de *reserva de valor* identificamos inmediatamente el sentido de la frase de Aristóteles con la que comenzamos este tema.

Estas tres características del dinero en muchas ocasiones se pierden y con ello el dinero se degrada y comienza a ser sustituido por otras monedas.

Habíamos señalado en el tema anterior que el dinero se inicia como una mercancía con valor de uso. Esta característica pasa a un plano secundario, sobre todo debido a la tercera función del dinero, pero con el tiempo la mercancía original utilizada en la acuñación de la moneda deja de usarse y en su lugar aparecen monedas y billetes que carecen de valor propio y que son aceptadas en la medida en que son garantizadas por el estado en su triple y pleno funcionamiento.

La acumulación de capital en forma de dinero líquido y la concentración de la riqueza en unas pocas manos, propia del mercado

---

[6]   Encinas Ferrer, Carlos. "*Teoría de la Dolarización.* Tesina. Doctorado en Economía. Universidad de Barcelona. 2003.

[7]   Obra Citada.

[8]   Ob. Cit.

imperfecto capitalista, dan lugar a un mercado de dinero en el que las empresas necesitadas de dinero para sus inversiones y gastos demandan dinero, el cual les es ofrecido por el sector terciario o por aquellas empresas -principalmente trasnacionales- que se encuentran integradas verticalmente desde el proceso productivo hasta el distribuidor y financiero. De la interacción de esas fuerzas del mercado imperfecto de capitales surge el precio del dinero: *el tipo de interés*.

Gráfica 19. Mercado de Dinero y Tasa de Interés

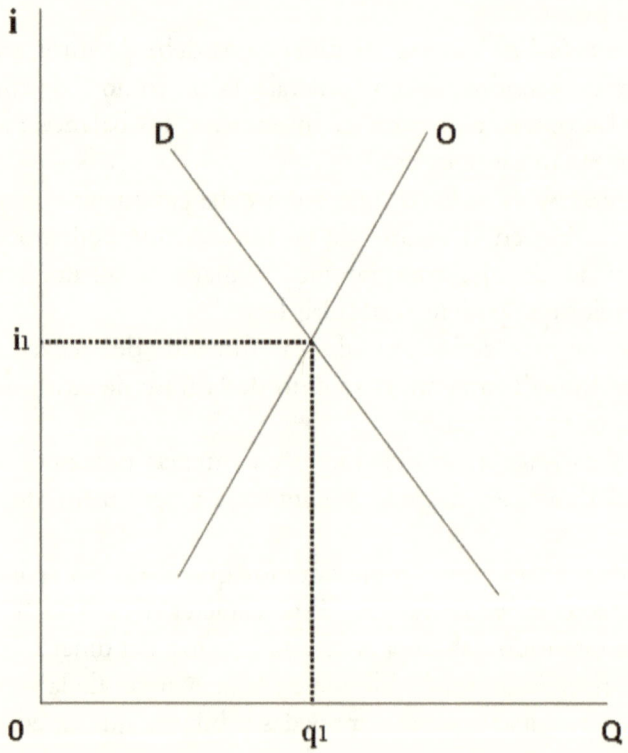

En el punto de equilibrio se fija la cantidad de dinero demandada, q_1, y el precio o tipo de interés i_1.

Existirán diferentes tipos de interés dependiendo del mercado donde nos encontremos: mercado de dinero a menudeo, mercado de mayoreo, etc.; de acuerdo con los costos administrativos del propio crédito; dependiendo del riesgo que represente el préstamo del dinero (lo cual estará vinculado a las garantías que el prestatario haya presentado como aval del crédito), del plazo del préstamo: 24 horas, una semana, Certificados de Tesorería a 28 días, Pagarés Bancarios a 30 días, Bonos del Tesoro a 30 años, etc., etc.

8.3 Los bancos y la oferta monetaria

"Se inicia así el nuevo trabajo principal, característico del banco moderno, de la intermediación entre los que poseen capitales ociosos para los que buscan empleo que ellos directamente no saben o no quieren encontrar, y aquellos que necesitan capitales para invertirlos en objetos productivos o para destinarlos a objetos de consumo."

Angelo Aldrighetti
Técnica Bancaria (1935)

Los bancos comerciales son creadores de dinero crediticio y contribuyen en forma importante a la oferta monetaria.

¿Cómo se genera este dinero? Un ejemplo nos ayudará a comprenderlo: Imaginemos que muy temprano en la mañana acudimos al banco a depositar $1,000 pesos que acabamos de cobrar. Si no vamos a ocupar ese dinero en todo el día, el banco puede prestarlo a 24 horas abriéndole a un cliente una cuenta bancaria y depositándole allí los $1,000 pesos solicitados. Vemos así que nuestros 1,000 pesos se han convertido en pocas horas en $2,000 pesos pues yo dispongo de esos 1,000 pesos en el momento en que acuda al banco a solicitarlos, pero lo mismo le sucede al prestatario al que se le acaban de otorgar el crédito monetario por la cantidad de $1,000. Esta operación se puede multiplicar una cantidad infinita de veces. Con el objeto de obligar al banco a mantener reservas suficientes para hacer frente a solicitudes de dinero, tanto del depositante inicial, como del prestatario, existe el Banco Central, el cual regula la actividad de los bancos y da solidez al sistema financiero nacional. En nuestro país ese papel es desempeñado por el Banco de México.

¿Cuál es una de las funciones del banco central? Obligar a los bancos comerciales a inmovilizar una parte de los depósitos que reciben diariamente, constituyendo una reserva para imprevistos y para darle liquidez diaria al sistema en su conjunto. Al hacer esto, el banco central reduce la cantidad de dinero crédito que la banca comercial puede crear. Veamos otros ejemplos:

Tabla 11. La Banca y la Creación de Depósitos

Etapas	Depósitos en pesos	Depósito inicial más créditos otorgados	Reservas en pesos (20%)
1	1,000	1,000	200
2	800	800	160
3	640	640	128
5	512	512	102
6	410	410	82
7	328	328	66
8	262	262	52
9	210	210	42
10	168	168	34
11	134	134	27
12	107	107	21
13	86	86	17
14	69	69	14
15	55	55	11
etapa n	....	....	....
Totales	5,000	5,000	1,000

En este ejemplo vemos un depósito inicial de 1,000, del cual se guardaron 20% como reservas y se prestaron los restantes 800 pesos. Estos últimos fueron depositados en una cuenta a nombre del prestatario -la persona que recibió el crédito-. Al tener asentado el crédito y no retirarlo inmediatamente el prestatario, el banco puede prestar un porcentaje del 80% sobre el mismo y así sucesivamente.

Al cabo de n asientos contables, los $1,000 pesos originales han sido convertidos en $5,000 más reservas por $1,000, mismas que le permitirán en situación normal y sin pánicos bancarios, hacer frente a retiros por parte del depositario original y los prestatarios. Obviamente se trata de un caso ideal, normalmente los bancos tienen que mantener reservas adicionales pues el movimiento de retiros a veces se multiplica durante el día y no todos los clientes y prestatarios lo conservan líquido en sus cuentas del banco. Ante situaciones irregulares, los bancos acuden a sus reservas depositadas en el Banco Central, el cual les presta con una tasa de interés.

De lo anterior se desprende una regla, el multiplicador de dinero en circulación -base monetaria más depósitos- es el resultado de dividir la unidad entre el coeficiente de reservas, en este caso 1.0/0.2= 5.

CAPÍTULO 9

Relaciones económicas internacionales

"El beneficio del comercio internacional radica en un uso más eficiente de las fuerzas productivas del mundo".

John Stuart Mill
Principios de Economía política (1848)

"Probablemente la reflexión más importante de toda la economía internacional resida en la idea de que existen ganancias del comercio, es decir, que cuando los países se venden mutuamente bienes y servicios, se produce, casi siempre, un beneficio mutuo."

Paul Krugman y Maurice Obstfeld
Economía Internacional. Teoría y Política del Comercio Internacional

¿Cuál ha sido el motor de la apertura global y la llamada globalización neoliberal? La necesidad que el modo de producción tiene de mercados más amplios y de una mayor tasa de ganancia. Ello ha conducido a acelerar el proceso de acumulación de capital en pocas manos que a partir de 1980 ha sido el signo característico de la política económica neoliberal.

Carlos Encinas Ferrer, Bibiana Rodríguez Bogarín y Adení Encinas Chávez
Apertura comercial y desarrollo económico mundial en la globalización

Presentación

En esta unidad llego al último gran tema de la macroeconomía: el comercio internacional. Veremos de qué manera la especialización puede, en teoría, incrementar la productividad mundial. Digo que en teoría pues hay elementos que generan inequidad en las relaciones económicas internacionales y que son pasados por alto cuando se toma en cuenta la productividad física.

A pesar de ello, observaremos que la especialización acompañada de equidad puede, efectivamente elevar la producción mundial de bienes y servicios y, por lo tanto, contribuir a lograr en un grado mayor la satisfacción de nuestras necesidades.

Busco que el lector entienda la diferencia entre ventaja absoluta y ventaja comparativa, dándose cuenta de que este último concepto es uno de los más difíciles de dominar en economía pues está basado en un análisis de relaciones de producción que no es obvio a primera vista.

Se analizarán en este Capítulo 9 los conceptos fundamentales de la balanza de pagos y su importancia en el equilibrio de la economía de nuestro país.

Por último, repasaré la lista de aquellas instituciones que en nuestro país se dedican a apoyar el comercio exterior mexicano, así como las oportunidades que nuestras pequeñas y medianas empresas tienen al integrarse entre ellas, elevando su competitividad con miras a la exportación de sus bienes y servicios.

9.1 El comercio internacional

"El espíritu egoísta del comercio no reconoce patria ni siente ninguna pasión o principio salvo el del lucro."

Thomas Jefferson
(1743-1826)

Anteriormente habíamos visto que durante el mercantilismo, el objetivo del comercio era adueñarse de los metales preciosos que eran sinónimo de riqueza. El comercio exterior era considerado en aquella época como un juego *suma cero*, esto es, lo que uno perdía el otro lo ganaba. La revolución industrial, con el liberalismo económico, cambió su objeto de atención del comercio a la manufactura, poniendo a la producción industrial como el centro del interés económico. Adam Smith señaló entonces que el comercio era un juego *ganar-ganar* en el que tanto el manufacturero como el consumidor obtenían beneficios de la actividad comercial. Un elevado comercio exterior fue entonces el objetivo y no elevadas reservas internacionales de divisas.

Adam Smith indicó que el comercio era mutuamente beneficioso si los países que comerciaban tenían ventaja absoluta en la producción de la mercancía que exportaban. Veamos un ejemplo en el que tenemos dos países: A y B, que producen Manufacturas y Materias Primas. El País A produce más manufacturas y materias primas por hora por lo que tiene ventaja absoluta en los dos productos. Resultado según Adam Smith: no habrá comercio internacional entre ambos países.

En las Tablas 12 y 13 suponemos que ambos países tienen cada uno 1,000 unidades combinadas de factores productivos (trabajo + tierra + capital).

Tabla 12. Productividad y Ventaja Absoluta del País A

	Horas necesarias para producir una unidad de:		Cantidad producida en 40 horas semanales	
	Manufacturas	Materias Primas	Manufacturas	Materias Primas
País A	1	8	40,000	5,000
País B	20	10	2,000	4,000

En el caso de la Tabla 12 observamos que el País A tiene ventaja absoluta en ambos productos y, por lo tanto, según Adam Smith, ese país exportaría ambas mercancías y el País B las importaría o cerraría su frontera, protegiendo a la empresa doméstica.

Tabla 13. Productividad y Ventaja Absoluta del País A y del B

	Horas necesarias para producir una unidad de:		Cantidad producida en 40 horas semanales	
	Manufacturas	Materias Primas	Manufacturas	Materias Primas
País A	1	10	40,000	4,000
País B	20	8	2,000	5,000

En el ejemplo de la Tabla 13 ya es posible el comercio bajo la visión de la ventaja absoluta. El país A exportará bienes manufacturados y el país B materias primas ya que en dichos productos tienen ventaja absoluta cada uno de ellos.

David Ricardo, en la segunda década del Siglo XIX, desarrolló la teoría de la ventaja comparativa que amplió enormemente la visión de la teoría económica y mostró que el comercio es posible aunque no se tenga ventaja absoluta. Volvamos al primer cuadro. Observamos que el país A tiene ventaja absoluta en ambos productos. Sin embargo, su ventaja es mucho mayor en la producción de manufacturas que en materias primas:

40,000/2,000 = 20 veces

Contra

5,000/4,000 = 1.25 veces

De acuerdo con Ricardo el comercio es posible si el país que tiene ventaja absoluta en ambos productos se especializa en producir la mercancía en la que tiene la mayor ventaja relativa –las manufacturas- e importa las materias primas que produce el País B. Para entender con claridad este ejemplo veamos las fronteras de posibilidades de producción (*FPP*) de cada uno de los países.

Gráfica 20. Frontera de Posibilidades de Producción del País A

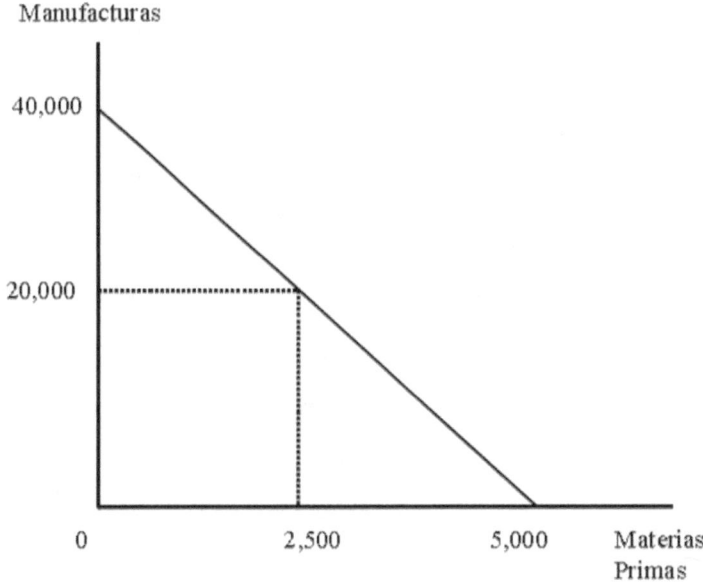

Gráfica 21. Frontera de Posibilidades de Producción del País B

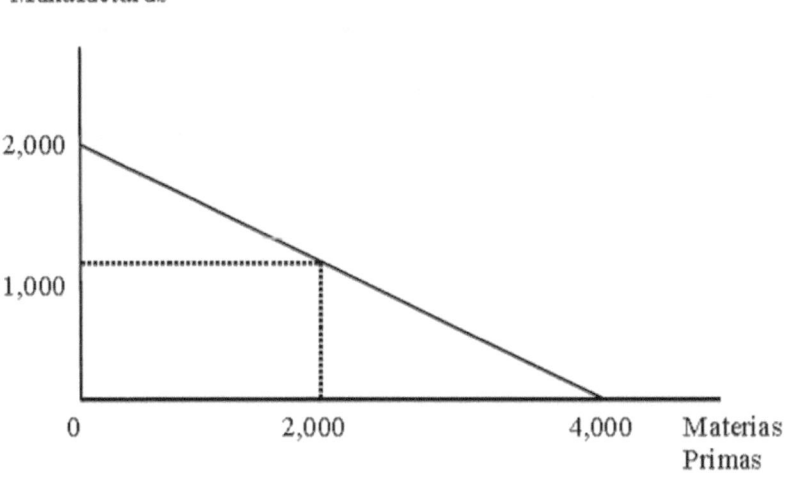

En las Fronteras de Posibilidades de Producción[9] de cada uno de los dos países vemos reflejadas todas las posibilidades de producción desde cero materias primas y 40,000 y 2,000 unidades de manufacturas respectivamente; hasta cero manufacturas y 5,000 y 4,000 unidades de materias primas respectivamente. En los puntos centrales de la FPP vemos combinaciones intermedias.

En nuestro ejemplo suponemos que ambos países viviendo sin comercio exterior (en autarquía) han escogido combinar sus factores productivos para producir, el País A, 20,000 unidades de manufacturas y 2,500 unidades de materias primas; el País B produce 1,000 unidades de manufacturas y 2,000 unidades de materias primas. De esta manera la suma total producida y consumida es:

	Manufacturas	Materias Primas
País A	20,000	2,500
País B	1,000	2,000
TOTAL	21,000	4,500

Supongamos que ambos países, mediante un acuerdo internacional, deciden combinar de otra manera sus factores productivos de tal manera que el país produzca 24,000 unidades de manufacturas y 2,000 unidades de materias primas; y el País B decide dedicar todos sus factores productivos a la elaboración de materias primas, de tal manera que su producción total, dados sus factores disponibles, sea de 4,000 unidades de materias primas. El país A dará al País B 3,000 unidades de manufacturas a cambio de 1,000 unidades de materias primas. De esta manera nuestra producción y consumo se incrementaran de la siguiente forma:

---

9   Límites máximos de producción que, bajo las condiciones tecnológicas existentes, pueden ser alcanzados.

Tabla 14. Producción y Consumo con Comercio

	Cantidad producida en 40 horas semanales		Cantidad consumida semanalmente	
	Manufacturas	Materias Primas	Manufacturas	Materias Primas
País A	24,000	2,000	21,000	3,000
País B	0	4,000	3,000	3,000
Total	24,000	6,000	24,000	6,000

Comparemos con producción en estado de autarquía (sin comercio exterior).

Tabla 15. Producción y Consumo en Autarquía

	Cantidad producida en 40 horas semanales		Cantidad consumida semanalmente	
	Manufacturas	Materias Primas	Manufacturas	Materias Primas
País A	20,000	2,500	20,000	2,500
País B	1,000	2,000	1,000	2,000
Total	21,000	4,500	21,000	4,500

Observamos que tanto la producción mundial como el consumo en cada uno de los países se ha incrementado: 24,000 unidades producidas de manufacturas contra 21,000 en autarquía; 6,000 unidades de materias primas contra 4,500 sin comercio exterior. El consumo se incrementó en cada país: El País A produce ahora 21,000 unidades de manufacturas contra 20,000 y 3,000 unidades de materias primas contra 2,500 consumidas en autarquía. El País B elevó su producción a 3,000 unidades de manufacturas contra 1,000 y 3,000 unidades de materias primas consumidas con comercio exterior contra 2,000 consumidas en autarquía.

Señalemos algunos elementos que distorsionan la realidad: históricamente los precios de las materias primas han disminuido en

relación a las manufacturas -sobre todo respecto a los bienes de capital-
por lo que los países menos desarrollados han visto caer sus términos
de intercambio y han tenido que elevar la producción y exportación
de materias primas para poder adquirir iguales cantidades de bienes
de capital. La gran economista inglesa, Joan Robinson, decía que los
países subdesarrollados al especializarse en la producción de materias
primas y manufacturas que requieren de poca tecnología, sacrificaron
la producción de aquellos bienes que más valor agregado han dado a la
producción mundial y que más desarrollo tecnológico generaron.

A partir de los años 80 el comercio mundial comenzó a ampliarse
en forma dramática, fenómeno que hoy en día conocemos como
globalización. El volumen del comercio global se ha elevado varias veces
y en el caso de México el cambio ha sido espectacular. En la actualidad
nuestro país tiene firmados tratados de libre comercio con 32 países.
Lidera el comercio latinoamericano con el 46% del total regional en
2001. Las exportaciones alcanzan un monto de 160,682 millones de
dólares anuales y las importaciones fueron de 168,769 millones de
dólares en 2002. Mientras que en 1981 el 80% de nuestras reducidas
exportaciones correspondían al petróleo, en la actualidad este rubro
alcanza sólo el 8% del total exportado. Sin embargo, el 85% de nuestro
comercio exterior lo realizamos con los Estados Unidos de América y la
suma de las importaciones más las exportaciones equivalen al 60% del
PIB. Esto hace a nuestro país sumamente dependiente de la situación
económica en que se encuentre nuestro vecino del norte. En los próximos
años nuestra tarea consistirá en diversificar nuestro comercio con otros
países del mundo e incrementar el tamaño de nuestro Producto Interno
Bruto correspondiente a nuestro mercado interno. Ganaremos con ello
independencia económica y sentaremos las bases de un desarrollo sólido
y acelerado.

9.2 La balanza de pagos

*"Registro sistemático de todas las transacciones de un país con el resto
del mundo en un período dado. Comprende las compras y ventas de bienes
y servicios, las donaciones, las transacciones del Estado y los movimientos de
capitales."*

Paul A. Samuelson y William D. Nordhaus
Economía (1996)

No es posible encontrar una definición más exacta y concreta de la balanza de pagos internacional de un país que la dada por Samuelson y Nordhaus en su célebre libro *Economía*[10].

En las páginas siguientes les mostraremos como se realizan los asientos contables de esta que es una de las cuentas nacionales más importante.

En términos generales la balanza de pagos está formada por dos balanzas firmemente relacionadas entre sí: la balanza comercial y la balanza de capitales. Los movimientos en la balanza comercial se reflejan siempre en la balanza de capitales, no así necesariamente los movimientos en la balanza de capitales tiene por contrapartida un asiento en la balanza comercial.

Veamos cada uno de los componentes que la conforman.

---

[10] Samuelson, A. Paul y William D. Nordhaus. Economía. McGraw-Hill, Sexta Edición en Español. Madrid.

Tabla 16. Balanza de Pagos

Débitos (-)	Créditos (+)
Categoría I	
a) Importaciones de bienes	a) Exportaciones de bienes
b) Importaciones de servicios	b) Exportaciones de servicios
Categoría II	
Transferencias unilaterales realizadas (regalos)	Transferencias unilaterales recibidas (regalos)
Categoría III	
a) Incremento de activos extranjeros a largo plazo de los ciudadanos y del gobierno del país base.	a) Disminución de activos extranjeros a largo plazo de los ciudadanos y del gobierno del país base.
b) Disminución de activos a largo plazo que tienen en el país base ciudadanos y gobiernos extranjeros.	b) Incremento de activos a largo plazo que tienen en el país base ciudadanos y gobiernos extranjeros.
Categoría IV	
a) Incremento de activos extranjeros a corto plazo de los ciudadanos y del gobierno del país base.	a) Disminución de activos extranjeros a corto plazo de los ciudadanos y del gobierno del país base.
b) Disminución de activos a corto plazo que tienen en el país base ciudadanos y gobiernos extranjeros.	b) Incremento de activos a corto plazo que tienen en el país base ciudadanos y gobiernos extranjeros.
Categoría V	
a) Incremento de activos extranjeros a corto plazo del gobierno del país base (Banco de México).	a) Disminución de activos extranjeros a corto plazo del gobierno del país base (Banco de México)..
b) Disminución de activos a corto plazo que tienen en el país base gobiernos extranjeros (Bancos Centrales extranjeros).	b) Incremento de activos a corto plazo que tienen en el país base gobiernos extranjeros (Bancos Centrales extranjeros).

Fuente: Appleyard, Dennis R. y Alfred J. Field Jr. *Economía Internacional.* 2a. Edición. ED. Irwin. España.

En la tabla anterior tenemos la Balanza Comercial integrada por las Categorías I (importaciones y exportaciones de bienes y servicios) y II (transferencias o donaciones dadas o recibidas).

Las categorías II, IV y V corresponden a la Balanza de Capital.

Se trata de una cuenta de partida doble en la que a todo crédito le corresponde un débito y a cada débito le corresponde un asiento de crédito.

Las importaciones aparecen como un débito (-) ya que para pagarlas es necesario disminuir las tenencias de divisas por parte del importador. Las exportaciones se registran como un crédito (+) ya que implican la entrada de divisas en pago de la salida de mercancías.

Las operaciones hasta un año se consideran corto plazo, las de más de un año se contabilizan como operaciones a largo plazo.

Veamos algunos ejemplos que he desarrollado para mis clases de Economía Internacional y de Finanzas Internacionales a lo largo de la primera década de este siglo:

Ejemplo 1:
Asiento 1: Importación de mercancías por un valor de 10,000 dólares de E.U.A. (Categoría I).

Asiento 2: Descenso de activos en dólares del importador nacional por 10,000 dólares (Categoría IV: Descenso de activos extranjeros a corto plazo propiedad de ciudadanos del país base).

Como observamos a un movimiento en las categorías I y II corresponde un movimiento de la Balanza de Capitales por el pago de la operación.

Ejemplo 2:
Un ciudadano mexicano compra un Bono del Tesoro de los E.U.A. a plazo de 30 años por 10,000 dólares y paga con un cheque de una cuenta que mantiene en Nueva York en dólares.

Asiento 1: Categoría III (Aumento por 10,000 dólares de activos a largo plazo que mantienen en el extranjero ciudadanos del país base).

Asiento 2: Categoría IV. (Descenso de 10,000 dólares de activos extranjeros de corto plazo que mantienen ciudadanos del país base).

Es importante notar que un déficit de la balanza comercial (mayores las importaciones que las exportaciones) tendrá que ser financiado por una salida de divisas o por un incremento en los pasivos (importaciones a crédito) del importador que tarde o temprano se tendrá que convertir en una salida de divisas internacionales.

En lo que se refiere a transferencias o regalos es importante considerar que, por ejemplo, en el caso de que nosotros demos alguna donación en forma de alimentos o servicios médicos a países hermanos azotados por un ciclón, el movimiento de contrapartida será una exportación de bienes o servicios. En caso de donaciones recibidas como ayuda, por ejemplo, para los desastres del terremoto de 1985, la contrapartida contable será una importación por los bienes o servicios recibidos.

BIBLIOGRAFÍA

Aldrighetti, Angelo. *Técnica Bancaria*. Fondo de Cultura Económica, México. 1960.

Appleyard, Dennis R. y Alfred J. Field Jr. *Economía Internacional*. 2a. Edición. ED. Irwin. España. 1995.

Blanchard, Olivier. *Macroeconomía*. Pearson Educación de México. 4ª Ed. España. 2006.

Deniz, José. *Realidades y Desafío del Desarrollo Económico de América Latina*. Los Libros de la Catarata. 1ª Ed. España. 2008.

Encinas Ferrer, Carlos. *Introducción a la Economía*. Sistema Avanzado de Bachillerato y Educación Superior (SABES). Guanajuato, 2003.
- *Teoría Económica*. Sistema Avanzado de Bachillerato y Educación Superior (SABES). Guanajuato. México. 2ª. Ed. 2004
- *Teoría de la Dolarización*. Tesina. Doctorado en Economía. Universidad de Barcelona. 2003.
- *La Pequeña Empresa*. *Revista Ante-Diem*. León. México. 1999.
- *Escritos económicos varios*, con prólogo del Dr. Juan Tugores Ques. Editorial Los Libros de la Red, 2011, Buenos Aires, Argentina. ISBN: 978-1-59754-681-2.

Encinas Ferrer, Carlos, Bibiana Rodríguez Bogarín y Adení Encinas Chávez. *Apertura comercial y desarrollo económico mundial en la globalización*. Revista Electrónica *NOVA SCIENTIA*, Número 8, Universidad De La Salle Bajío, 2011.

http://nova_scientia.delasalle.edu.mx/numero_8/articulos/
NovaScientia_08_066.pdf

Engels, Federico. "Anti-Dühring". *Biblioteca de Autores Socialistas*. Página
Web: http://www.ucm.es/info/bas/es/marx-eng/78ad/78AD.htm

Estey, James Arthur. *Tratado sobre los ciclos económicos*. Fondo de Cultura
Económica, México. 1964.

Feuerbach, Ludwig (1848), *La esencia del cristianismo*, colección Clásicos
de la Cultura, Madrid: Trotta, 1995, 2009.

Galbraith, John Kenneth. *The Age of Uncertainty*. Houghten Mifflin.
Boston. 1977. *La Época de la Incertidumbre*. Edición en Castellano de
Editorial Diana. México, 1979.

González González, Manuel Jesús. *Introducción a la Economía*. Pearson
Educación de México. 1ª Ed. España. 2004.

Hausman, Daniel. *El Análisis Económico y la Filosofía Moral*. Fondo de
Cultura Económica. 1ª Ed. México. 2007.

Hume, David. Essays and Treatises on Several Subjects, Printed for A.
Millard, 1758.
http://www.davidhume.org/texts/etss.html

Jevons, William Stanley. *La teoría de la economía política (1871)*. Fondo
de Cultura Económica. México. En Inglés: "The Theory of Political
Economy (La teoría de la economía política)". McMillan and Co. 1ª
Ed. 1871. 3ª Ed. 1888. Londres.
http://www.econlib.org/library/YPDBooks/Jevons/jvnPE.html

Keynes, John Maynard. *Teoría General de la Ocupación el Interés y el
Dinero*. Fondo de Cultura Económica, México. 1963.

Keynes, John Neville. "Campo y Método de la Economía Política". 1891.
Londres.
http://socserv.mcmaster.ca/econ/ugcm/3ll3/keynesjn/Scope.pdf

Krugman, Paul R. y Maurice Obstfeld, *Economía Internacional. Teoría y Política del Comercio Internacional,* Addison Wesley, Madrid, 2002, p 3.

Malthus, Tomas Roberto. *Ensayo sobre el Principio de la Población.* Fondo de Cultura Económica, México. 1951.
- *Principios de Economía Política.* Ministerio de Economía y Hacienda, Instituto de Estudios Fiscales. España 2008. ISBN: 978-84-8008-259-4

Mankiw, N. Gregory. *Principios de Economía. McGraw-Hill Interamericana de España, SAU.* 3ª Ed. España. 2004.

Marshall, Alfred. *Principios de Economía.* Fondo de Cultura Económica. México. Edición en Inglés: *Macmillan and Co., Ltd.*, 1920. 8ª Ed. http://www.econlib.org/library/Marshall/marP.html

Martín Simón, José Luis. *Principios de Economía.* Prentice Hall. 1ª Ed. España. 2003.

Marx, Carlos. *Contribución a la Crítica de la Economía Política.* Alberto Editor. Corazón. Madrid. 1970, Otra Edición es la de *Siglo Veintiuno Editores.* 8ª Ed. México.
- *El Capital.* Fondo de Cultura Económica, México. 1959. Una edición crítica muy importante es la de *Siglo Veintiuno Editores.* 24ª Edición. 2001. México. Parte de la Obra puede leerse en la siguiente página web:
http://www.ucm.es/info/bas/es/marx-eng/capital.htm

Marx, Carlos y Federico Engels. *Manifiesto del Partido Comunista.* Ediciones en Lenguas Extranjeras. Moscú. 1955. El texto completo con todos los prólogos de los autores a cada una de las ediciones está accesible en la siguiente página web: http://www.marxists.org/espanol/m-e/1840s/48-manif.htm

Mill, John Stuart. Principios de Economía Política. *Fondo de Cultura Económica, México. 1951. El texto en Inglés está disponible en la siguiente página web:* Primera Edición en1848. William J. Ashley, 7ª Ed. 1909.
Web: http://www.econlib.org/library/Mill/mlP.html

Organización de las Naciones Unidas (ONU). *Medidas para el Desarrollo Económico de los Países Subdesarrollados.* Organización de las Naciones Unidas. Nueva York. 1951.

Ricardo, David. *Principios de Economía Política y Tributación.* Fondo de Cultura Económica, México. 1959.

Rima, Ingrid Hahne. *Desarrollo del Análisis Económico.* 4ª. Ed. Editorial Irwin. España. 1995.

Robbins, Lionel. "Ensayo sobre la Naturaleza y Significado de la Ciencia Económica". *The London School of Economics.* 1932.
http://www.eumed.net/cursecon/textos/robbins/index.htm

Samuelson, Paul A. y William D. Nordhaus. *Economía. McGraw-Hill Interamericana Editores, S.A. de C.V.* 19ª Ed. México. 2005.

Smith, Adam (1776), *Investigación sobre la Naturaleza y causas de la Riqueza de las Naciones,* Fondo de Cultura Económica, México. 1958. - (1759), *Teoría de los sentimientos morales,* Fondo de Cultura Económica, México, 1979.

Zamora, Francisco. *Tratado de Teoría Económica.* Fondo de Cultura Económica. México. 1984.

ÍNDICE DE LÁMINAS

Diagramas

Tablas

Gráficas

www.ingramcontent.com/pod-product-compliance
Lightning Source LLC
Chambersburg PA
CBHW021951170526
45157CB00003B/942